目　录

醉卧秦淮，手有蟹香——读《南京深处谁家院》　>　刘原　>　001

爱上南京，感受重重叠叠的风景　>　005

东南大学的六朝松　>　001

古鸡鸣寺，不知今夕是何年　>　006

清凉山——随处都可踩疼一个故事　>　011

南唐二陵——承载千年的叹息　>　017

022	>	大报恩寺遗址——复活历史的苍凉
027	>	南京城，寻找李渔的芥子园
033	>	1865——那一束古铜色的阳光
042	>	胡家花园——复活的金陵私家园林
048	>	瞻仰阮籍墓，向往清洁的精神
053	>	总统府——恍惚穿越民国年代
059	>	一座中山陵，半部民国史
064	>	梅花山——梅始以花闻天下
068	>	美龄宫——享受民国的好时光
073	>	中山陵8号，春夏秋冬都是风景
078	>	永丰诗舍——东郊森林里的书房
084	>	浦口老站的沧桑背影
089	>	南大赛珍珠故居——为了忘却的纪念
095	>	颐和公馆——让人走神的民国风景

[目 录]

陈布雷公馆——一部尘封记忆的小说 > 100

颐和书馆——坐在城市最深处沉醉 > 105

寻找江宁史量才故居 > 111

桂林石屋——仿佛还是1937年的气息 > 117

金陵刻经处——新街口最清净的六亩二分地 > 121

南京云锦——复活雍容华贵之美 > 127

净觉寺——野芦苇也有秋天 > 134

牛首山——秋日的私语 > 138

莫愁路教堂——温暖从未走远 > 143

寻找先锋书店的灯光 > 149

朝天宫兰苑剧场的昆笛声 > 153

南师书衣坊——古朴清幽的夜晚 > 157

南京师范大学——东方最美的校园 > 162

升州路上的美大纸行 > 168

173	>	东郊青年旅馆——月光下的浪漫城堡
178	>	南京深处的桃叶渡曲会
184	>	禅茶经院——聆听秦淮河的秋水声
189	>	瓦库茶馆——寻找有瓦的记忆
193	>	看见世界书店风景的咖啡馆
197	>	廿一熙园——现代版《韩熙载夜宴图》
202	>	柴门茶馆——袅晴丝吹来闲庭院
207	>	钞库街18号——秦淮河边的金陵春梦
213	>	甘熙故居——昆曲书香大宅院
219	>	寻找清魂——走进老城南王伯沆故居

227	>	吴睿 >	只要有心，可以见到南京真风景

醉卧秦淮，手有蟹香
——读《南京深处谁家院》

南京是一座令我神魂颠倒的城市，追溯起来，"始作俑者"是一个叫老克的人。

14年前的深秋，我正在广州大道中289号的报馆里恹恹欲睡地开会，忽然接到一个陌生来电，对方很热忱地说看过我的专栏，甚为喜欢，希望约我为他们的杂志写稿。其时我已经停笔半年有余，早就厌恶了码字，但因为刚从一家报社跳槽到同集团的另一家报社，按陈规陋习竟然算我是新人，前三月只领1 000余元基本工资，这在广州只能当饿殍。这个电话，无异于饿鬼面前的深井烧鹅，鳏夫门外的睡衣寡妇，我愉快地呻吟了一下，对那个叫老克的人说：谢谢施主，这活儿老衲接了。

若无这个电话，我谅必已封笔多年，江湖上将少了一个最黄的地摊文学写手，而我此后的种种人生际遇，流离漂泊，其实都与我的文字有关，所以老克的约稿电话，无意中成了操纵我命运的黑手。14年里，我把无数黑夜献给了老克，老克则把无数稿费单献给了我。我最啼笑皆非的是，在内地某城时，老克要么不寄稿费单，要么就一口气把几个月的稿费单哗啦啦一次汇来，这笔钱在收发室的人眼里是巨款，于是我成了巨额财产来源不明的家伙，也成了"人民公敌"，后来据说我的上峰们居然开会严肃讨论刘原此人该不该写专栏。我心想如果纪委找我喝茶，我就招供老克。

回到14年前的隆冬，一个江苏老男人在暗夜里浮起来。老克来广州出差，我们到杨箕村里泡吧，他说起20世纪90年代，他也曾南漂羊城，也曾喝过几年珠江水，所以，当回到金陵后的他在南京珠江路上的某个报摊看到我那篇《丧家犬也有乡愁》时，激动得在马路上拍遍梧桐。对岭南明月的眷恋和热爱，是我们暗通款曲的前提，即便多年以后，我们都已经潜伏在长江流域，每当想起灯影摇曳的沙面、浑浊腥臭的珠江，依然心里一荡。

15年前，我抵达广州，开始了浪人生涯，而17年前，老克离开广州，结束了浪人生涯。他一直挚爱着六朝古都——这也许是中国多数县城长大的孩子的共同梦想，在故乡的省城安居，更何况，南京这个省城，是中国最有底蕴、最具文脉的省城（严格说来省城这个词压根配不上南京），单那轮民国的明月，就足以照亮无数书生的家国身世。

我漂泊广州前夕曾第一次在南京勾留一周，坦白说，无感。只记得去过雨花台和中山陵，吃过土豆烧老鹅。后来，因了老克的盛情和指引，多次赴宁，渐渐沉陷，终于把那座城视作此生最爱之地，老克真是一个杰出的老鸨，我遂成了流连秦淮的冒辟疆，醉卧香君故居的侯方域。若无老克，我对南京断无此般热爱，因为没有他请我吃大闸蟹，我多半吃罢一碗鸭血粉丝汤，悻悻抹嘴走人。

老克一定是金陵城里最出色的导游。随便逛到哪里，他都能喷出一箩筐典故。加藤鹰的指，徐老克的舌，都是能让人瞬间欲仙欲死的。他到南大说赛珍珠，到中山陵8号说许世友，到明孝陵说朱元璋，到江南贡院说方苞，我唯一能抢过话头的，是到李香君故居时，因为古代娼妓史他不如我熟。

我是为数不多的享受过老克私房旅游路线的人。他带我坐轮渡过长江，去浦口火车站，看奉安大典路线，看毛泽东挤掉鞋和朱自清含泪啃橘子的旧站台；带我从隐秘的路线穿行紫金山，在苍茫如海的暮色中，忽然讲一个满含磷火的鬼故事；他甚至带我看昆曲，昆曲真是世间最美的天籁之音，瞬间治愈我的失眠症，当我淌着涎水从太虚幻境中醒来，匕斜望去，程益中老师也睡去了，只有老克仍在摇头晃脑，如痴如醉，如癫如狂。

[醉卧秦淮,手有蟹香——读《南京深处谁家院》]

据说老克手里有一本神秘的通信录,里边有全南京的文艺女青年电话,吾友都市放牛做梦都想把这本子偷过来,无奈某人连睡觉都把通信录压枕头下。这当然是个玩笑,老克作为江苏第一杂志《东方文化周刊》高管,还亲手编了多年的《城市心情》栏目,以知心大叔的身份,率领旗下一大波,哦不对,一大拨美女写手,写尽了金陵城里的情爱离合。

老克长我18岁,倘以围棋类比,我走的路数是剃刀坂田那类,而他便是流水不争先的高川格:隐忍,克制,保持热爱,保持清幽,像民国的青衫男子,永远把手笼在袖中,谁也不知他手中是匕还是笔。《南京深处谁家院》这本书,关注的是旧居公馆、寺庙教堂、琴馆戏坊,以及背后的文化和典故,在寻找历史脉络的通幽之径中,完成对自己千秋大梦的一次抚慰。老克在自己的人生午后,终于推出了这本写南京的《南京深处谁家院》和另一本写江南的《南唐的天空》。以一个甲子的积蓄,一炮双响,这里边蕴含着多少精血呵!我晓得,这是厚积薄发,不是隔壁老王的功劳。

我对《南京深处谁家院》这本书尤感亲切,因为老克是我十多年的净友,而里边的南京风物、金陵往事,亦是他逐一带我探访过的。有时我会想,我和老克的异同。我们都生长于小城,都是教师子弟,这种相似的背景或是天然投缘的重要因素,而我们最大的不同,是我成长于杀伐野蛮之地,所以身上有流寇之气,老克则成长于诞生过秦观、汪曾祺的高邮,承袭了江南文气,所以他总是文质彬彬,而我怎么看都是一淫棍。

我去过高邮。在老克的祖宅里,槐花无声跌落,深秋的阳光在院落的四角天空上安详怒放,附近高邮湖的秋风猎猎而来,携有蟹香。克嫂每日用大号蒸锅伺候我们一众狐朋,母蟹壳背艳红,我们老脸酡红,而流落在芦苇荡和湖水之间的,是江南斜阳的血红。

我此生吃的前十只大闸蟹中,有九只是和老克一起吃的。昔年同游苏北,他在宴席上总是把自己那份蟹打包回房给我吃,我夜里边啃蟹边写专栏,他在睡梦中以为有老鼠,终于沉重地致歉道:我们苏北丰饶旖旎,但这鼠患一直未能解决。

想起老克,就会想起南京,想起那些年月里成建制死于我们魔爪之下的蟹。君子之交浓于蟹。我在过去二十余年,唯一的一次与男人赤诚相见,便是在高邮的老式澡堂里,我们俩被搓澡老头蹂躏得后背通红,如同两只老蟹。在白茫茫的雾气中,我和老克说起半生流离,说起我们的亡友韦尔乔,说起醉生梦死的南京,最后一齐默然。终于,我们在沸汤一般的,红蟹横行的人世里,心照不宣地,惨然一笑。

刘原

爱上南京，感受重重叠叠的风景

要想用文字表达我对南京这个城市的一往情深，其实真的很难，就像你许多年暗恋一个"女神"般的女子，果真有一天你站在她的面前，哪怕有千言万语也会紧张得一句话也说不出来——

南京对我来说，就是这样的女子。

我是一个新南京人，17年前才来这个城市定居，但要说起与南京的渊源，时光要倒带到40多年前，那时我在苏北县城的一个乡下小镇生活，奇怪的是，我那时交往的少年朋友中，十有八九都是南京孩子，他们几乎都是省城下放干部的子女。记得一位兄长给我讲南京教堂的管风琴音乐，令我非常向往，至今我还珍藏着他送给我的一套南京风景明信片，上面有明孝陵、鸡鸣寺、梅花山、莫愁湖、清凉山……告诉你也许不信，那个时候我的南京话居然比现在讲得好。

现在想想，这种对南京人的认可，这种对南京城的期待，可能还是源于自己内心对美好的向往。

人生第一次记忆往往特别深刻，我第一次来南京还是初中那年，我和一位同学搭顺风卡车来南京，记得一路经过泰山新村，看到了长江大桥，最后在盐仓桥某个大街路口下车。当时正是黄昏下班时分,马路上人来车往,不过,给我印象最深的就是仰头可见到枝繁叶茂的梧桐树。

当晚,我和同学就住在他亲戚家,是那种老式的楼房,走在木楼梯上会发出吱吱呀呀的声音,光知道楼房里的光线很暗,夜里那台三五牌钟会"当当当"整点报时,第二天早上,我们还见到他家的漂亮表姐,据说是某届市乒乓球少年冠军,肤色很白,一副安静的样子。

长江大桥、梧桐树、木楼梯、漂亮表姐,构成一位县城少年对南京的整体想象。

再后来,因为喜爱南京,我就会有各种理由来南京,当时背着一个洗得发白的黄挎包,手上拿张地图,中山陵、灵谷寺、明孝陵、莫愁湖、总统府,总算把明信片上的风景都玩了一遍。

若干年之后,我来到南京,成为《东方文化周刊》的一名编辑。南京就有这样的魔力,它的山川形胜、历史底蕴、烟火气息,会让很多人一见钟情。比如每年会吸引数万毕业的学子留在南京,同样,也会吸引像我这样曾做过"少年梦"的人定居南京。

刚来南京时,我曾对外地来游玩的朋友说过一句"经典名言":要想真正了解南京这座城市,一是人要在媒体,什么新鲜事物都可采访到;二是要谈一场恋爱,许多角角落落都可以走遍。

当然,第一个我算是做到了,十几年来我通过采访,交往了一大批朋友。第二个也算做到了,虽然没有谈恋爱,但十几年来,在杂志和博客上写了近百篇有关南京的文字,也算是我写给南京这座城市的"情书"。

就我个人的经验来说,与南京"恋爱"分为三个阶段。一是爱上好风景。比如去先锋书店看书,看艺术画展,逛南大校园,游东郊风景区。二是爱上南京人。以采访的名义,接触到一大批作家、艺术家等,看似为他人作嫁衣裳,其实也受惠了自己。三是爱上老建筑。建筑是有灵魂的,只要你做有心人,以"史观"做背景,以"审美"作为参照物,眼前就会出现重叠的风景。

八十多年前,民国有个叫倪锡英的文人,写了《南京》等一系列"都市地理小丛书",让人激赏的是,他改变了"地理"给人留下的枯燥乏味之印象,不仅用真实、简明、生动的笔触和图片记载了南京的历史沿革、地理形势、交通、名胜、古迹等方面,对南京的生活印象也有着颇为细微、贴切的描写,从而给我们留存下了民国南京的特色与印记。

八十多年后的今天,南京有了很大的变化,更何况读者不会仅仅满足旅游的层次,希望能读到特别有意思的东西。所以,当初我和出版社老师策划出这本书时,就希望这本"老瓶装新酒"的书:一是要文字轻松活泼,把读者带进去,要会讲故事,选择有意思的点。二是要有属于自己的文化判断,不能人云亦云。三是要有文化"颠覆"的意识,让模糊的历史重新清晰起来。四是要具有好的艺术审美眼光,传达最具魅力的东西。

这些年来,因为编辑职业的原因,使我有更多机会接触和交往朋友,让我也有更多机会陪外地朋友游南京,而且走的路线都被朋友们称之为"私密文化路线"。有人开玩笑说:如果你老克开个旅行社,肯定会红火。这一点我也相信,可惜我不是经商的料,我能做的就是用文字充当"导游",带您走进"南京深处谁家院",希望您能感受南京这座城市重重叠叠的风景!

东南大学的六朝松

东南大学算是我带外地朋友经常走的私密路线之一,因为离我上班的珠江大厦很近,故我经常是带朋友先去东南大学,然后穿过校园,从成贤街走到鸡鸣寺。每年三月在这里不但可以看樱花,还可以到鸡鸣寺进香、喝茶,然后穿过明城墙解放门,到玄武湖欣赏远处的紫金山。

东南大学前身就是大名鼎鼎的国立中央大学,例如东南大学那个民国的校门,就是当年南京建筑五宗师之一的杨廷宝先生设计的,如今这位老先生的故居还在校园围墙外的成贤街上。

如果说南京大学校园给人的感觉有女性的"端庄秀美",那么东南大学似乎更有男性的"阳刚稳重"。你看那些大片迎面而立的梧桐树,意气风发。沿着大道就可以远远看见那座圆顶的大礼堂,非常有气势。

大礼堂当年是由英国人设计,新金记康号营造厂承包建造。建筑物占地面积2 026平方米,建筑面积4 320平方米,钢筋混凝土结构,共三层,属欧洲文艺复兴时期的古典式建筑风格。据说这座建筑从1930年3月28日就动工兴建,后因经费困难而停工,还是后任校长朱家骅利用在国民政府中的地位和影响,以召开国民会议

前国立中央大学大礼堂

的名义，获得国民政府的拨款，可见政府的钱还是好"忽悠"的。大礼堂在1931年4月底竣工，建成后国民会议经常在这里召开，后来建了长江路的国民大会堂（现在的人民大会堂），大礼堂才成为真正意义上的大学会堂。

我曾多次带朋友走进这个会堂，就像门厅立面上部的四根爱奥尼亚式列柱，还有水磨石的回廊，都给人非常精致舒适的感觉。可圈可点的是大礼堂顶部为钢结构穹隆顶，高34米，因为圆顶用的是青铜薄板的材料，所以走进去冬暖夏凉。记得有年夏天我走进去，会场里依旧有凉飕飕的感觉。有一年画家陈丹青在这个会堂做演讲，连过道上、窗户上都挤满了人。我还记得在这里举行过德国电影周，以及李健的演唱会，音响效果非常好。大礼堂门口的喷水池以及前面的梧桐树下的空地，这些场景会让你很熟悉，原来这里就是赵薇拍摄的电影《致青春》的取景地。

不过，进大门直奔大礼堂，千万不要漏掉左边隐在梧桐树后的老图书馆（孟芳图书馆）。每次我带朋友来，因为事先大家没有准备，沿着树丛往前走，一抬头就见到这座气势恢宏的爱奥尼亚式建筑，尤其是那四根古希腊的圆柱子，更让人只有仰望惊叹的份。

走进门厅，那些柱廊、山花、檐部等都非常精美。我曾在某个晚上带朋友沿着楼梯大理石台阶一直爬到三楼，那种神秘和宁静的气息，就像老电影的感觉，令人难忘。

孟芳图书馆当年由外国人帕斯长尔设计，1924年建成。不过，我对起名叫"孟芳图书馆"一直不解，甚至以为孟芳是个女子，后来查资料才知道捐资建图书馆的是原江苏督军齐燮元,图书馆落成后,就以齐燮元的父亲齐孟芳的名字命名,叫"孟芳图书馆",并请张謇题写馆名。

在东南大学校园西北角,大操场的西侧,还有一座民国建筑体育馆,当年可是南京最好的大学体育馆。1924年4月20日,印度文豪泰戈尔来东南大学演讲,轰动南京城。当时担任现场翻译的就是那位著名诗人徐志摩。

在体育馆的后面是东南大学出版社,在这座楼对面就是被誉为东南大学精神图腾的六朝松。相传这棵有1500年历史的古树是梁武帝萧衍亲手植下的。

南京历史上的六朝往往被人忽视。就像梁武帝这个人,也是可大书特书的皇帝。应该说,梁武帝博学多才,善写文章,是一位"君子六艺"非常全面的读书人。他具备做一个好皇帝所有的优点和能力。比如他非常节俭,执政多年都没有修宫室,住的地方只能放一张床,平时他身穿布衣,每天只吃一顿素食,而且勤于政事,每天三四更就起床忙于工作。更为难得的是,他待人慈悲,哪怕对宫里的太监小臣也是一视同仁。为了了解百姓疾苦和对朝廷的意见,他还在宫外设立公开意见箱。如此像个完人一样的好

孟芳图书馆(爱奥尼亚式建筑)

东南大学体育馆

皇帝，却最后还是免不了家破国亡的命运，何也？

梁武帝为人慈善宽容，哪怕对那些同姓的皇亲国戚挥霍无度，也是教育为主。哪怕对那个跳槽专业户武夫侯景——今天投降张三，明天投降李四，后天又投靠王二麻子，也却放松应有的警惕，居然同意接纳他，并委派官职和兵权，到后来梁武帝就死在这个小人手里。

据说当初侯景带兵来围城时，只有上千人的队伍，后来他实行"招奴为兵，赦免为良"的政策，一下子拥有十万之众，可见闹革命还是很容易的。其实当时台城内就有两万士兵，赶到建康城下增援的梁朝军队也有几十万，可这些同姓诸侯们都各自心怀鬼胎，等着看笑话，期待"鹬蚌相争，渔翁得利"。

可见家天下的体制不好，梁武帝人品再好也是白搭。

经过长达半年的攻打，台城终于陷落，梁武帝成了阶下囚。这位86岁的皇帝，不畏侯景的残暴，拒不屈服，最后被关在台城活活饿死，保持了一位皇帝应有的尊严。

那天，我们站在这棵垂垂老态的古树前。虽然这棵古树两边有钢管支撑，树中间也是浇注了砂石，仅靠外面的树皮传输养分，但它的树冠竟仍然枝叶葱翠，显示出一股神奇的生命力。

对了，在六朝松的西北角，还有一座叫梅庵的老屋。据说前身就是三间茅屋，它的主人叫李瑞清，是两江师范学堂的监督，是历史上一位非常著名的学者、教育家、书画家。别的不说，比如他是张大千的老师，也是李叔同的好友。那年他逝世后，是其挚友曾

相传梁武帝手植的六朝松

李瑞清的梅庵老屋

熙、弟子胡小石共理丧事,将其葬在南京南郊牛首山。

那天我们静静地坐在那里,夕阳下的梅庵老屋就像一位守树人,默默守护着1 500年的六朝松。突然,树丛中两只野猫追逐着出来,刺耳的猫叫声,打破了校园黄昏的寂静。

古鸡鸣寺，不知今夕是何年

鸡鸣寺算是我的老朋友，17年来，我每天都会从珠江大厦26楼窗户里看到那座鸡鸣寺塔，当然，抒起情来还可以远眺玄武湖和紫金山。

记得那年杂志做"南京爱情地图"选题，我写了北京东路，那篇文章的标题就是《北京东路：最适合谈恋爱的路》，其中写了大片的雪松、明城墙、玄武湖，也写了鸡鸣寺。当时我刚来南京，对许多地方不熟，就电话请教一位好友，她不愧是写张爱玲的作家，提供两个细节就足以保证我这篇文章的含金量。一是在鸡鸣寺百味斋喝茶，二是北极阁山上某年夏天曾发生过一起情杀案。写到这里，我忍不住要插一句话，如今老克同学能写点还算不难看的文字，都是靠良师益友一路帮衬过来的。

也就是说，我从来没有去百味斋喝过茶，我写"看到"的风景其实是朋友眼中的风景。

鸡鸣寺现在有两个大门，一新一旧。相比之下，我更喜欢那个沿着长长台阶的旧门，有"曲径通幽处，禅房花木深"的感觉。当年民国报人黄裳写《金陵五记》，那时的鸡鸣寺就应该是这般萧瑟的感觉。

鸡鸣寺新大门前，一群工人正在挖土重新铺地，我就和同事跳跨过去，没想到有

[古鸡鸣寺，不知今夕是何年]

鸡鸣寺紧靠明城墙、玄武湖

鸡鸣寺的老山门

可以喝茶的百味斋

个工人冲着我喊:老师傅,看到没有啊?(还好,还没有问我长眼睛没有)很奇怪,在大门口施工挖路,让买了票的游客无路可走,不仅没有歉意,还向游客吼——我只能自我安慰,咱们国情就是这样。

走进鸡鸣寺,看到那个照壁上刻的《心经》,听到背景音乐里的诵经声,让人一下子平静下来。真是两重世界两重天。这里来进香的情侣、老人、孩子,大多很安静,虔诚地烧香、拜佛。在我们的视线里,不经意就可以看见长跪不起的背影,很羸弱的样子,让人想起"度一切苦厄"那句经文。

我的同事告诉我,她经常会来这里进香,尤其是不开心的时候。在我们这个普遍没有宗教的国度,有宗教总比没有宗教好。

在大殿前进香时,不知为什么,当我闭上眼睛在诵经声中祈祷时,眼睛竟有些潮湿。因为我在祈祷保佑母亲和家人时，分明看到了不远处就是当年带父母来进香时，他们坐在那里休息的地方。如今父亲已过世7年，我们要做的就是"珍惜眼前"。

百味斋是吃素斋的地方，也可以喝茶。这里的环境虽然朴素，但很清静。百味斋最大的卖点就是"这边风景独好"。那天我们刚坐下来，还未点茶，就惊叹窗外的风景。从窗内居高临下看过去：苍凉的明城墙，雾气蒙蒙的玄武湖，更远处缥缈的紫金山。用我朋友的话就是：南京的格局还在。

建于南朝陈代的胭脂井，与台城仅十几米的距离

说实话，我很羡慕那些从小在南京长大的人，因为许多历史的记录是不靠谱的，许多东西只能依靠真切的记忆才能作出正确的判断，就像孟庭苇所唱的：我们已走得太远，已没有话题，只好对你说你看、你看……

那天下午，我们点的祁门红茶很好喝，彼此之间交流也很愉快。有时不经意看一眼窗外，有种云里雾里、天上人间的感觉。不过，那次遗憾的是没有找到胭脂井，后来从后门走下来问看门的老大妈，那个老大妈很惋惜地对我说：就在上面啊，你们再回头看啊！

不过，这个小遗憾很快就得到弥补。不久后的一天，我陪外地朋友再去鸡鸣寺，经过询问，在山下一片空地上，我们终于看见了传说中的胭脂井，这里距离明城墙也只有十多米远。

胭脂井建于南朝陈代。相传隋军打进台城时，陈后主慌忙带着宠妃张丽华、孔贵妃跳进这口枯井里,后来是太监告密(可见任何年代都有告密者),隋军发现后用辘轳将他们吊起,两名妃子当场被杀,陈后主被俘虏。因两个妃子胭脂擦在了井栏上,景阳井从此就被人叫成胭脂井。

传说张丽华很美,最出名的就是她的一头长发,史载张丽华"发长七尺,其光可鉴,性敏慧,有神采",而且还有过目不忘的本事,记忆力惊人。张丽华是南京历史上第一个正史有传的女人。在《陈书》和《南史》的《后妃传》中,都有张丽华传。陈后主对她十分迷恋,陈后主有一首著名的《玉树后庭花》,就是赞美张丽华的。据《隋书·高传》记载,平灭南陈的杨广,早就倾慕张丽华的艳名,他曾事先打招呼,要纳其为妾。孰料陈叔宝死活不干。如按此一说,杨广带领51万隋兵攻陷建康(南京),难道就是为一个女人?我以前不信,反正现在信了。历史上大凡有野心的男人,人生使命一是玩政治,二是玩女人。不过相比之下,陈后主倒是不爱江山爱美人的典范,生命最后关头还是与心爱的女人共存亡,不失为男人。不过,让我疑惑的是,假设杨广真有此心,为何他的部下抓住张丽华又把她杀掉?转念一想,历史是说不清楚的,乱军之下如果不杀,可能张丽华的命运会更加悲惨。

那天下午,在鸡鸣寺胭脂井旁边,两个穿白衣服的年轻厨师在打羽毛球,一来一往,空寂的院子里,只有羽毛球的击打声。相距他们不远,一株蜡梅开得"非常醉,非常美",让人有点恍惚。花耶?人耶?刹那间,竟有不知今夕是何年的感觉。

清凉山
——随处都可踩疼一个故事

许多年前,我每天上下班骑车都要经过清凉山公园院墙外,总是感到一片清凉,让人特别舒服。俺知道这些都是清凉山上那些树木在起作用,殊不知像清凉山这样的"城市山林",却很少被旅游者光顾,很是惋惜。

清凉山原来叫石头山,取这个名字倒也像南京"大萝卜"的性格,直接实在。后来因为南唐后主李煜在山中兴建避暑行宫,后改清凉寺,辟为清凉道场,从此石头山就改名为清凉山。

薛冰老师在他那本《清凉山史话》中提到,现在的清凉山公园只是清凉山的一小部分,历史上真正的清凉山,应该包括现在的石头城公园、乌龙潭公园、古林公园等地。

在唐宋之前,长江直逼清凉山西南麓,江水冲击拍打,形成悬崖峭壁,成为阻北敌南渡的天然屏障。当年诸葛亮称金陵"钟阜龙蟠、石头虎踞",龙蟠是指紫金山,虎踞就是指石头山。如今我们从那个著名的鬼脸城城墙还能感受到"石头虎踞"的气势。上次我去乌龙潭公园,很是纳闷:眼前的水塘怎么会出现乌龙?现在才知道当年的乌龙潭和长江也是相通的。

清凉山公园的三拱门

正因为清凉山得天独厚的地理位置,所以它一直是兵家必争的制高点。比如楚威王熊商灭越国,在此埋金以镇"王气",并筑金陵邑。孙权在此修建石头城,成为江防要塞。可惜在20世纪70年代末,为了开辟城西干道(虎踞路),活生生切断了清凉山,变成了现在一路两隔的清凉山公园和石头城公园。

这里要特别提一下南唐(历史上似乎对南唐很少提及,除了李煜的词)。在南唐之前的历代,建城墙只是屯兵或是建皇宫,而从南唐开始却是用城墙把皇宫、街道、民居围在一起,形成了真正的城市概念。饮水思源,有些东西要记住,所以有人说,清凉山是南京城市的源头,这句话是站得住脚的!

清凉山公园的三拱门很有古意,哪怕坐车经过,从眼前晃一下,也会使人记住。"清凉山"三个字是金陵画派龚贤先生写的,很有苍凉古朴的味道。如今公园里有清凉寺、扫叶楼、还阳井、崇正书院、翠微亭、驻马坡等古迹。

[清凉山——随处都可踩疼一个故事]

每次来清凉山,我习惯上先是去龚贤的扫叶楼。沿着长长的石阶走上去,就可以看到右边立着龚贤的雕像,进门之后,院子里几乎没有游人,似乎树木和花草都很安静。龚贤纪念馆不要门票,进门就可看见厅里挂着那幅扫叶僧的画像,以及龚贤的其他画作,那些橱柜里还陈列着龚贤的诗集等作品。往后面走还有院子和楼房,据说是原善庆寺的遗址。

绝大多数人对龚贤的了解,只是隐居在清凉山扫叶楼的画家。其实龚贤非常了不起,是一位人品高洁、艺术纯正的大画家。龚贤出生在昆山一个家道中落的官宦之家,幼年随家人迁居南京。10岁前母亲去世,13岁开始习画,他的老师是董其昌这样的大家。

清凉山扫叶楼

龚贤21岁左右在秦淮河畔参加了复社的活动,交往了许多当时优秀的人。许多年后,也交往比他小30岁的忘年交、《桃花扇》作者孔尚任。两人艺术志趣相投,相互欣赏。由于龚贤正直不阿的人品,以及在诗、书、画上的成就,最终他成为"金陵八家"的首席画家。

1645年清兵攻陷南京,龚贤采取不合作态度,远离南京到泰州海安镇做私塾教师。后来他今天在海安,明天在扬州寄居,以及去浙江等地远游。当龚贤再次返回南京时,已年届五十,最后他就在清凉山找块空地,筑园栽植,命为"半亩园",开始了他的隐居生活。吟诗、作画、教学生,既是他的志趣所在,亦是他的全部生活壮志。

龚贤不仅是书画好,他更是一位诗人。他在绘画理论和教育上也卓然成家。比如风行数百年的《芥子园画谱》,虽然是李渔芥子园书铺策划出版的,但其中的绘画

013

龚贤故居　　　　　　　　　　　　　　　　　　　　　　　　　善庆寺的遗址

作者就是龚贤的得意门生王概以及两位弟弟。

龚贤晚年生活很窘迫。1664年前后，龚贤的继妻及其他亲人相继有8人去世，这使他受到沉重的打击，日常生活依靠自己的妹妹料理，后来又遭遇颇有权势的"豪横"向龚贤强索书画，精神更受刺激，以致卧床不起，不久便含恨长逝，年约70岁。据说死后因贫不能具棺葬，丧事全凭好友孔尚任料理，孔氏并帮其抚养遗子。

读书人最难做到的就是对内心的坚守，而龚贤宁可穷困潦倒，也不改初衷去换取财富和名声，是一位纯之又纯的艺术家。据说孔尚任后来所写《桃花扇》中的侯方域，就有龚贤的影子。我也要在这里特别点赞一下孔尚任，文章写得好，做人又到位——那次我陪老妈去曲阜孔林，还向这位戏剧家祭拜了一下。

从扫叶楼下来，看见那些大片的雪松和竹林，心情一下子明朗起来。那古树下的亭子,那竹篱笆和弯弯的小路,相机不管对准何处,都是一幅幅诗意的画。

不远处就可以看到清凉寺。这个看上去很一般的寺庙,居然是南唐后主李煜主建的,可见含金量有多大。在寺庙的后边还可以看到盖着六角亭的南唐还阳井。传说这里面的井水,人喝了之后,哪怕是老人,头发也不会变白。有人分析是山上长满何首乌,让井水有了药汁的成分。

在公园东边的小山上就是著名的崇正书院了。这个建于明朝嘉靖年间的书院曾经是当时培养精英人才的中心,其中该院的书生焦竑在1589年进士考试中一举夺魁,成为明朝史上第一位状元。南京北门桥还有一条焦状元巷,就是以他的名字命名的! 现在的崇正书院是1980年南京市政府拨款68万元重修的,当时还健在的建筑大家杨廷宝先生指导了整个设计,如今这座非常精致的仿明建筑掩映在松竹深处。当然东山坡上还有许多景点,比如翠微亭、诸葛亮的驻马坡等,据说写《儒林外史》

南唐李后主建的清凉寺

建于明代的崇正书院

的吴敬梓的墓也在东北角的山上,这就要靠有心人去寻找了。

那天,我沿着石阶爬上清凉山,眼前是一大片树林,四周用长长的竹篱笆围着,更有一种古朴野趣。空地的石凳上几位市民在打牌,旁边还有两个孩子在嬉闹。其实旅游不是非要伤筋动骨,坐车背包长途跋涉,就像眼前的市民,他们不是一样享受拥抱大自然的乐趣吗?

正因为清凉山似乎被人遗忘,才有幸保持这份宁静,下次我要挑一个周末下午,怀里揣两本书来清凉山,像当年的龚先生一样,享受一个山林野趣的下午。

南唐二陵
——承载千年的叹息

那年春天,我曾陪安徽作家等文友来过南唐二陵,到这里时已经关门下班,后来还是那个管理员心善,让我们走马观花转了一圈。我的人生经历中许多事情都喜欢"二次革命"。不是吗?这次和朋友重来南唐二陵就从容多了,一路上就像小学作文里描写的"天空晴朗,万里无云"。

南唐二陵坐落在江宁祖堂山南麓,算是一个很偏的地方。我们和那位卖票兼小店售货员的管理员打了招呼,就背着相机进去了。里面游人很少,很安静,也好让我们从容地去拍地上的野花,小溪里的流水。

南唐二陵很有名,埋在这里的父子二人,分别是南唐后主李煜的爷爷和父亲,都是有文化和艺术气质的皇帝,跟那个埋在明孝陵的农民皇帝有着很大的不同。那天站在展览室的地图前,看到南唐这个小国的地域如此之大,令我很意外。它的地域包括江苏、安徽、江西、湖南、湖北东部、福建等地,当时也是中国最富庶的地区。

南唐在历史上,最成功的就是文人当道,重视文化和艺术。我国最早的画院就出现在南唐,当时有顾闳中、周文矩、徐熙、卫贤、王齐翰等一大批画家活跃在画坛,他们与冯延巳等文豪才子组成了庞大的文人群体,这些人与官僚、贵族、富商聚

南唐二陵坐落在江宁祖堂山

居一处，使金陵平添了别样的脂粉繁华之气。

　　李煜在文学史上太有名了，他的"问君能有几多愁，恰似一江春水向东流"，几乎妇孺皆知。李煜是南唐的第三代国君，历史上称他为李后主。他25岁继位南唐国君，当时的南唐已经岌岌可危，表面上他委曲求全，纵情声色，暗地里也是做好抵抗准备的，可惜用人不当，在他39岁时，南唐被北宋所灭。李煜被宋军俘虏，过了两年多的囚徒生活，最终又被宋太宗赐药毒死。据说那个晚上，太监送来皇上赐的毒酒，李煜是毫不犹豫一饮而尽。我很为这个"毫不犹豫"唏嘘不已。正是那个"问君能有几多愁"，让宋太宗不高兴，可见以言获罪在中国历史上是有传统的。

　　其实，李煜的父亲李璟也是一位有才华的风流天子，写得一手好词。在他的周围聚集着一批像冯延巳这样的文人名士，给他的创作提供了很大空间。可见任何文学创作总是要有小环境的。

李煜的爷爷李昇是徐州人,原来是个孤儿,被吴国大将徐温收为养子取名徐知诰。公元937年,徐知诰废吴帝杨溥,自称皇帝,国号大齐。次年改姓名为李昇,改国号为唐。他在位实行保境安民的政策,与东面的吴越国和平共处,国内兴利除弊,国力大增。他本人不爱声色,专心国政,重视教育,庐山的白鹿国学即是他创立的。但令人遗憾的是,他在晚年信奉长生道术,竟死于丹石中毒。

那天,我们先是走进南唐前主李昇和皇后宋氏的钦陵,走进去有点阴森,石门两侧

李昇钦陵墓里的武士浮雕

石门门框上的双龙夺珠浮雕

可见大型武士浮雕，门框上方可见双龙夺珠浮雕，上面残留着敷金涂彩的痕迹。墓室分为前、中、后三室，纵深20多米，宽10来米。前、中两室为砖造，叠砌成穹隆状。

往西约50米便是南唐第二位皇帝李璟和皇后钟氏的顺陵。顺陵的规模样式与钦陵大体一样，面积略小些，没有浮雕，绘画也没有了钦陵的富丽堂皇气派。据说后室顶上画有一幅天象图，很有艺术价值，但我们没有敢多停留。

1950年的春天，有几个孩子在祖堂山上放牛，发现被雨水冲出来的洞穴，两个胆大的放牛娃就好奇地探进去，从中摸出几件明器和陶俑，卖给了收旧货的，后被南郊一个盗墓人探知，就盗取了墓中部分器物，最后盗墓者在夫子庙交易时被抓获。

当时的南京博物院院长、著名考古学家曾昭燏女士对送来的文物逐件研究，发现几块残留有金粉的玉片上刻着"维保大元年"、"子嗣皇帝臣瑶"的字样，她大为惊喜。这些玉哀册的出土，证明此墓就是沉睡地下千余年的南唐开国皇帝李昪的陵墓。后来又发现了李璟和皇后钟氏的顺陵。不管怎么说，父子相依为邻，两位皇帝都夫妻双双合葬在一起，也算是一场亲情和爱情的佳话了。

当时南京博物院承担了整个考古和挖掘工作。南唐二陵早年曾多次被盗，那次经过半年多的发掘清理，仍收集到哀册68片，其中钦陵出土28片玉哀册，顺陵出土40片石哀册。各种陶俑136件，其中有持物俑、拱立俑、舞姿俑、人首蛇身俑、人首鱼身俑和人首龙身俑等，这些陶俑形状在江南出土文物中极为罕见。此外，还有陶器200多件，以及铜、铁、漆、木、玉器多件，两墓共出土文物640件。

可是，后来谁又能想到，发掘南唐二陵的功臣之一曾昭燏院长，这位著名国学大家胡小石先生的高足，竟然在"文革"期间不能忍受政治的歧视，选择从灵谷寺塔上跳下来，令人非常惋惜。

那天，我们在南唐二陵的展厅里，还发现那幅熟悉的《韩熙载夜宴图》，让我们没想到的是，南唐二陵的设计者之一就是《夜宴图》里的主人公韩熙载。其实，韩熙载是位有志向、有能力的老臣，这幅《韩熙载夜宴图》，就是李煜让画家顾闳中"摸底"的画作，结果李煜看到这幅"玩物丧志"的画后，做了错误的判断，终于放弃起用韩熙载的念头。

祖堂山上是大片的竹林

南唐在中国历史上经济发达、文化繁荣,为中国南方的经济开发作出了重大贡献,但因资料和遗迹极少,并未得到社会和学术界的足够重视。可见,历史教科书就从来没有公正过。庆幸的是,幸亏有了李璟、李煜的《南唐二主词》,有了那首"春花秋月何时了,往事知多少",才让我们后人对埋葬在这里的父子,有了一种别样的凭吊心情。

那天,我们还爬上祖堂山。山坡上是大片的竹林,一阵山风吹来,竹叶哗哗发出声响,仿佛是千年的叹息。

大报恩寺遗址
——复活历史的苍凉

几年前的一个黄昏,我路过当时正在拆迁的大报恩寺遗址,于是就一头闯了进去。印象最深的就是那个巨大的寺右碑孤零零竖立在断壁残垣之间,让人觉得特别苍凉。其实历史就是苍凉的,就像那座被西方誉为中世纪"七大奇迹"的大报恩寺塔,没想到最后竟毁于太平天国一帮无知无畏哥之间的内讧之中。历史经常会因为没文化的"革命",与中华文明开这样的玩笑。

说真的,这次大报恩寺遗址的恢复,我开始多少也是有抵触情绪的,可能焦点就在大报恩寺塔的复建上。但通过这次大报恩寺遗址开放后身临其境地参观,觉得它不仅仅是遗址公园,更是一座巨大的遗址博物馆。我们不仅可以看到那些碑亭、御道、香水河桥、夯土台基、排水暗渠、水井等大片遗址,更可以看到出土的"七宝阿育王塔"等一大批国家级文物和佛教圣物。现在我写这篇文字的时候,我眼前还晃动着这样的画面:阳光从巨大玻璃窗照射进来,那些御道、夯土台基遗址等都染成一种金黄的色调,让人觉得特别震撼。

这是一片神奇的土地,这个场景让我们有了穿越千年的恍惚,从三国东吴的建初寺(江南第一寺),到北宋时期的长干寺(后改名天禧寺),直到明朝的大报恩寺,

[大报恩寺遗址——复活历史的苍凉]

大报恩寺是巨大的遗址博物馆

这都告诉我们南京是一座名副其实的佛都。其实历史很容易被人遗忘,我想恢复和保护大报恩寺遗址的初衷,就是帮助我们复活历史记忆,让我们了解江南,了解南京,了解这座城市的前世今生。

那天我们在博物馆里行走得很慢,那些出土的大量实物,只有近距离地仔细观看,你才能真正领略"精美"是什么概念,比如七宝阿育王塔、金棺、蓝色琉璃净瓶、银鎏金香囊等,给人目不暇接的感觉。就像那座在长干寺地宫内出土的七宝阿育王塔,是目前中国境内出土的体积最大、工艺最复杂、制作最精美的阿育王塔,也是世界范围内已发现的最大规模的阿育王塔,堪称"世界阿育王塔之王"。尤其是我们站在那个大报恩寺塔的复原琉璃拱门面前,浮雕上的飞龙、飞象、狮、羊等神兽神情极有个性,在灯光的映照下,随着视线的不同会呈现梦幻般的美感,很是高级!

023

有关建大报恩寺的缘由，表面上是朱棣为报母恩而建，其实质就是掩饰他"靖难之役"的尴尬，给自己名正言顺当皇帝找个说辞。据史料记载，朱棣的母亲是被朱元璋马皇后残忍地用"铁裙"折磨死的，有学者分析这种伤害对朱棣人格和心理肯定是有影响的，包括他对建文帝以及他的忠臣和家属的残害，对知识分子方孝孺株连十族，对3 000宫女用凌迟等，都属于心理变态的反映。我这样说，也许会有人批评我有"黑"朱棣的嫌疑。是的，朱棣也有许多丰功伟业，比如郑和七下西洋，五次亲征漠北，营建北京城，疏浚京杭大运河，包括主持编撰《永乐大典》，而且这些功绩都是他在位13年期间完成的，通过这些"大干快上"，他仿佛要急切地告诉天下人，谁才能配登上皇帝的宝座。

了解这个心理背景，我们就不难理解朱棣作为大报恩寺的总设计师，会动用举

南京是一座名副其实的佛都

国之力来完成这个壮举。据说当年曾动员10万的军民工匠来投入这个浩大工程，许多能工巧匠都是从全国征召来的（据统计各种技艺的工匠就有140种），这些身怀绝技的工匠拿到现在来说，都可算得上非物质文化遗产传承人。当然，当时承担最辛苦体力劳动的是服徭役的民夫和服刑的犯人。众所周知，建大报恩寺难度最大的是琉璃塔，与它同时修建的北京紫禁城，只用了三年半时间就建成，而大报恩寺工程前后用了17年时间，据说最后连郑和下西洋的1万多海军官兵都用上了，才完成这一旷世杰作。不过，可悲的是朱棣本人并没有看到竣工那一天，他于1424年在北伐蒙古归途中病死。

那么，被明代文人张岱称为"中国之大古董，永乐之大窑器"的大报恩寺塔究竟有何种魅力呢？一是塔高78.02米，相当于26层楼房的高度，当年在南京任何一个地方都可以看见它的雄伟身姿。二是整座塔采用琉璃材料，除了塔顶有一根"管心木"之外，整个建筑"不施寸木"，整个外表全部用各种造型、各种颜色的琉璃构件榫合而成。据史书记载，建造此塔烧制的琉璃瓦、琉璃构件和白瓷砖，都是一式三份，建塔用去一份，其余两份编号后埋入地下，以备有缺损时，上报工部，照号配件修补。三是九层琉璃塔的每一面墙壁之上，都有两扇窗户，共计144扇。这些窗户全部用磨制得极薄的蚌壳进行封闭，144盏油灯就分别安置在窗户之内。自琉璃塔建成之日起，大报恩寺就安排了百名僧人轮流值班，负责给油灯添油、剪芯、擦拭明瓦，确保夜夜塔灯通明。

那天，我们登塔前先进入地宫，其实参观地宫只需要十来分钟，似乎没有什么东西，但那位讲解员告诉我，在那个玻璃罩下面就是2007年考古发现的地宫开口。在地宫开启前，人们对于地下埋了哪些珍宝有两个猜测：一是青花瓷器可能占较大的比重，毕竟明代是中国青花瓷的鼎盛期；二是来自东南亚和南亚的珍宝会特别多，尤其是佛教器物。因为当时正是郑和带领庞大船队下西洋的高峰期，带回的有关佛教的珍宝，放在地宫应是最好的归属。相信有朝一日，这些谜底都能得以解开。

据说，2007年决定重建大报恩寺塔时，确实打算按原样建琉璃塔。但重建琉璃塔荷载很大，必须开挖基础，这样就势必会破坏地宫。经过专家多次论证，最终

远眺大报恩寺塔

决定在原地宫遗址上新建轻质的玻璃塔,规模、形状、大小与原塔近似。该建筑采用四组钢管斜梁跨越遗址上空,地梁落脚点位于原来塔基遗址的外侧,起到了保护地宫的作用。

新建造的大报恩寺塔共有九层,据说顶层里面供奉一尊净高 2.5 米,世界上最大的玉琉璃佛像。记得那天,我们爬了几层就没有再爬,尽管如此,城南风光依旧一览无余:中华门城堡、1865 创意园、夫子庙、白鹭洲公园……不知为什么,人站在上面,竟然有不知身在何处的恍惚。

南京城，寻找李渔的芥子园

那年冬天，我和朋友曾在夫子庙、武定门一带转悠，希望能找到当年金陵闸李渔的旧居痕迹，却未能如愿。当然我们更想找在周处读书台附近的芥子园。提起李渔的芥子园，历史上的名气简直是太大了，不说芥子园书铺出版的《芥子园画谱》风行了数百年，就是这个李渔精心设计的芥子园，小中见大，独具匠心，充分表达了一位大艺术家的审美趣味。虽然芥子园已经荡然无存，但我们仍可以从李渔的那本《闲情偶寄》中感受到它的风采。

李渔在历史上可谓是一位十项全能文人作家。他有很多身份，比如作家、戏曲家、园林专家、剧团导演、出版商、美食家、古琴家、生活美学家，等等。正是这种全面打通的学问，李渔手上做的活就更让人期待。

据《秦淮文萃》中魏守余先生写李渔的那篇文章所提到的，芥子园旧址在老虎头43号之3，在遵义塑料厂里面，可我就是一直没有机会去找。我曾去过李渔的出生地如皋，也去过杭州吴山的李渔故居遗址，也写过《学习李渔，世间万物总是情》那篇文章，身为新南京人，居然李渔在南京居住过的芥子园都没有去过，自己似乎也不能原谅自己。

感谢秦淮区地方志办公室的金戈老师帮我完成了这个心愿。金老师是那套《秦淮文萃》的副主编,所以这次一见面,我就急切地打听那本书中写芥子园的魏守余先生。金老师告诉我:魏先生三年前就过世了。

虽然那天阳光非常灿烂,但听到这个消息我却是若有所失,让人不是滋味——我只能宽慰自己,所有人的生命都是有限的!

那天下午,金老师把车停在一个小巷里,然后我们就沿着小巷转来转去,来到周处读书台的遗址。周处就是我们当年小学课本里那篇《周处除三害》的故事主人公,这是一个非常典型的浪子回头金不换的故事。"周处读书台"这个遗址也可以告诉我们,书中不仅有颜如玉、黄金屋,而且读书真的可以改变人的命运。

老虎头是门东最东面的一条小巷,东起是江宁路,西边接边营。如果有心的朋友想去探访周处读书台,可先找到江宁路上的中华门饭店,然后从左边的一条小巷

中华门饭店左边就是老虎头巷

穿进去,那条巷子就是老虎头巷。

周处读书台的门头很破旧,很像民国年代的建筑,上面有"南京市文物保护单位"的字样。这里原先是西晋将军周处的故宅,也是他当年读书的地方。在它的门头旁边有棵梧桐老树,虽然树干上被烟火熏过,但依旧枝繁叶茂。

走进门内,里面更像一个大杂院。我们从晒满的衣物中穿过,竟有穿越20世纪70年代的错觉。没走几步我们就来到那个通往小土墩的台阶,残破的台阶旁边是一棵正开花的苦楝树,土墩的表层可以看出是一些巨大的赤褐石——这里原来是赤褐矶的北坡,后来杨吴政权的徐知诰(就是后来的南唐开创者李昪,李煜的爷爷)筑城时留在了城内。在清代,"赤褐矶"还是金陵四十八景之一。

我们顺着台阶登上土墩,这里依旧住着好几户居民。见我们背着相机像是旅游的,三两位大嫂很是友善地笑,还有两个小男孩调皮地让我拍照。虽然这里环境都

周处读书台的门头很有民国建筑的味道

顺着小土墩的台阶上面是周处读书台

不远处的住宅楼所在处就是芥子园遗址

很破旧沧桑,但院子里有两棵高大的梧桐树,老墙上挂着鸟笼,院子里晒满衣物,倒也充满人世的烟火气息。

那天我们站在高坡上,我急切地询问金老师,芥子园的准确方位在哪里?金老师指着西侧那几排住宅楼房说,应该就是那里——我顺着他的手指看去,三四栋20世纪80年代的楼房依次排在那里。

不要看脚下这块看似破烂不堪的地方,历史上却是一块风水宝地。

在周处读书台的北面是明代开国功勋徐达的东花园,东面是著名的南朝梁武帝的故宅——光宅寺,西边方圆三四亩地就是芥子园的原址。再加上周处读书台,真是"四美具"了。

我们站在土墩上,可以看见光宅寺的屋顶,后来我们还穿过巷子绕到光宅寺的前门,才发现这座寺庙小门紧锁——据旁边邻居说,寺里没有住持,每逢农历初一、十五上午开门可以上香。

历史上梁武帝萧衍是位聪慧好学、多才多艺、琴棋书画全能的皇帝,也是一位崇尚佛教、精通佛教戒律的皇帝。生活中他真是按佛家规矩,穿布衣、睡板床,就像一位苦行僧。他50岁之后就干脆不进后宫而住在净居殿。历史上他也是倡导素食的第一人。

公元 514 年,梁武帝就把这里,他的出生地的老房子舍宅为寺,取名叫光宅寺。据说寺里有一尊石观音佛像,也有人说这尊坐佛像,其实就是梁武帝皇后郗氏的模样,希望今后有机会再来看一下。

那天黄昏,我背着相机沿着芥子园的地盘——那几座旧楼房行走,西边的阳光从梧桐树枝叶中倾泻下来,在地上形成大片的光影,那些楼上阳台上挂满晒的衣服,更有种居家的亲切——可谁又能想到这里曾经是金陵城里最著名的园林之一。

关于芥子园,李渔在《闲情偶寄》里有文字自述:"占地不及三亩,屋居其一,石居其一,榴之大者复有四五株。入园即有假山一座,园内房屋有两进。"据说园子里有几处佳景,毕竟是大艺术家,就名字也让人遐想,如"浮云阁"、"栖云谷"、"月榭"、"歌台"等。

比如在书房"浮云阁"读书,可以"雨观瀑布晴观月,朝听鸣禽夜听歌"。"栖云谷"是与屋相连的假山石洞,"虽居屋中,与坐洞中无异矣"——简直太会玩了。"月榭",顾名思义可以赏月,可以喝酒。而"歌台"无疑就是李渔排戏演戏的地方。当时金陵许多文化名流都喜欢聚集在芥子园观戏,李家班的乔王二姬的精彩演出,更是赢得众人的喝彩和拍案叫绝,那种热闹场景应该相当于现在南京朝天宫的兰苑小剧场。

这里要特别强调一下"李家班"当时在全国的影响:组建七年来巡演了半个中国,当时李渔创作的《奈何天》、《比目鱼》、《怜香伴》等戏剧,更是戏剧创作与舞台实验的产物。南京这个城市非常有幸,让李渔在芥子园里完成了被誉为古代生活艺术大全的《闲情偶寄》,其中的"词曲部"和"演习部",最终成为我国戏曲理论中最系统、最完备,也最深刻的集大成之作。这些都是他兼作家、编剧、导演、班主为一身在舞台实践中磨出来的。

我想,如今南京成为昆曲继承和传播的重镇,跟这种昆曲的传统土壤是分不开的!

李渔在金陵的金陵闸和芥子园生活的二十年,也是他一生中极其重要、最有建树的二十年。然而芥子园最后为何卖掉,李渔一家又为何移居故土杭州吴山,可能还是与天灾人祸有关。

一是芥子园书铺财务危机,经营上许多欠账收不回来,加上一大家子30余口吃喝拉撒,入不敷出。二是李家班台柱子乔王二姬因为在全国各地巡回演出,先后劳累病死,死时都是19岁。这也是李渔最不能原谅自己的行为,钱是赚不完的,但人死不能复生,李渔一下子就变老了。

1677年,李渔举家移居杭州,但芥子园书铺还是让女婿继续经营。同治十二年(1873),江淮一带狂风暴雨,让淮河、长江猛涨,芥子园书铺遭大水淹没半尺有余,所有建筑和书籍都被浸泡,损失惨重,从而被迫关闭。

1680年正月十三日,李渔在杭州吴山病逝。前些年,杭州朋友还陪我去山上李渔故居遗址去祭奠一下。不过,李渔长子将舒,次子将开,都是终老在南京,其中长子将舒葬在南京安德门。

记得那天,我拿着相机在芥子园遗址上那几栋楼的楼道里穿行,我很想找到类似门牌号码这样的线索,居然没有找到。就在我准备放弃的时候,突然眼前的水泥墙上出现了用粉笔写下的"老虎头43—3"——这肯定是哪位有心人留下的。

那天我从芥子园遗址离开,从江宁路一直走到长乐路,沿途经过木匠营、剪子巷、马道街这些有古意的地名,当时正是黄昏时分,夕阳照在老街上,人声鼎沸,光影浮动,一时间,我竟有了恍如隔世的感觉。

夕阳照在老街上,人声鼎沸,光影浮动

1865
——那一束古铜色的阳光

去南京晨光机械厂是一个深秋的下午。开车出了中华门城堡就可看见那个大门,但是要找另一条路上的1865(金陵机器制造局)大门却颇费了一些工夫。这座浅灰圆弧形的大门很有气势,上面赫然写着"金陵机器制造局"几个大字。据说大门是东南大学齐康院士根据一张发黄的老照片设计的,一看就有那个半封建半殖民主义年代的味道。不过可能是装饰太新的缘故,让我们心理上多少有点抵触。然而当我们真正走进那个既像公园又像艺术园区的工厂时,却一下子被它征服了。

走进这个昔日的兵工厂,眼前是一排排年代久远且非常有气势的厂房。整个画面非常安静,路上偶尔会碰见一两位穿着厂服骑自行车的工人,不远处的车间传来机器的声响,空气中偶尔飘过一丝机油的味道,一下子唤起我们对那个年代的集体记忆,令我们非常亲切而又有点感伤。

我们首先看到的是大门右边一排排像1912酒吧的民国建筑,青砖墙的房子上分别镶着"同治五年(1866年)建机器正厂"、"同治十二年(1873年)建机器右厂"、"光绪四年(1878年)建机器左厂"的字样。这排建筑现在是"晨光厂史陈列室",里面不仅放着1884年制造出的我国第一台"十门连珠炮",还有1888年在全国最先仿

金陵机器制造局的大门

清朝时期遗留下的厂房建筑

晨光厂史陈列室

制成功的第一挺马克沁机关枪。这些都在向人们叙说这里从清代的金陵机器制造局到现代的金陵兵工厂、晨光机械厂,再到今天的 1865 创意产业园的历史。

1865 年 10 月 30 日,在清朝两江总督李鸿章的筹划下,金陵机器制造局破土动工,至 1866 年 8 月竣工。据《续纂江宁府志》记载,其规模为"机器汽炉房等八十余间,廊五十余间。屋宇形式皆仿照西洋建筑"。随后开始生产枪炮弹药等军火物资,主要供应李鸿章的淮军使用。民国年间,金陵机器制造局改称为金陵兵工厂,在中国也是名噪一时。1948 年底淮海战役中期,蒋介石眼看败局已定,就赶紧将金陵兵工厂向台湾高雄搬迁,只留下少量无法搬走的旧机器设备以及整座厂房等。

今年 50 多岁的方师傅,是 20 世纪 70 年代进南京晨光机械厂的工人,当年她的父母就是解放初从山西兵工厂迁来的第一代"晨光人"。"兵马未到,粮草先行",为了安置大批从山西迁来的工人,政府在工厂附近一下子建了 21 栋楼房。这个由苏联专家设计的武定新村至今仍在使用,而且当时小区里通用的语言是山西话。当时站机床的方师傅回忆:"兵工厂保密工作很严,进出厂都有解放军站岗。记得当时厂里还有通小火车的轨道,绿化也搞得非常好,每逢海棠花开放时,我和小姐妹们就在花园里赏花,同组的一对男女还在花前月下谈起了恋爱呢!"方师傅还说:"那时候职工福利很好,冬天里有营养汤,夏天里有冰镇饮料。那个年代当工人是很光荣的,不像现在吃不开了。"方师傅的儿子,现为古建筑摄影家的冯方宇,提起母亲当年从厂里用水瓶打回来的酸梅汤还记忆犹新:"没有冰箱的年代能吃上冰镇饮料,那是我童年最甜蜜的回忆。"冯方宇还说,20世纪80年代时他进厂来摄影也是偷偷摸摸的,生怕被保卫处的人发现。

如今的晨光机械厂以生产大佛著名,就像我们刚才在大门右边草坪上看见的那尊大佛,它与香港天坛大佛是一模一样的,都是"晨光制造"。从造枪炮到造大佛,见证着该厂一百多年历史的演变,也颇有"放下屠刀,立地成佛"的人生况味。

那天我们几个人在里面随意行走,像是游走在近代中国工业建筑的"博物馆"里。我们仔细辨认,找到了光绪七年(1881年)建的炎铜厂、卷铜厂等。这些建筑虽然破旧,但风骨犹存,具有西洋风格。人字形屋顶,三角支架,门窗上部为拱形青砖清水墙,坚固宽敞。还有那些生锈的铁门,似乎许多年都没有打开过,尤其那把锈迹斑斑的大锁,仿佛在无声叙说一个百年沧桑

晨光机械厂以生产大佛著名

[1865——那一束古铜色的阳光]

民国时期的厂房非常有气势

的故事。

这个特殊的园区内，目前拥有清朝、民国、新中国成立后不同年代的各色建筑40余幢，总建筑面积达9万平方米，其中清代文物建筑9幢，民国建筑19幢。据说从20世纪30年代起，国民政府对厂房建筑进行了更新和扩建，使这一清末老厂也更具规模，也更加规范，其建筑风格在当时独领风骚。

除清朝时期遗留下的厂房建筑外，我们更多看到的是民国时期的厂房。那些外观像上海老石库门的厂房，竟让我们恍若有"上海一大会址"的错觉。还有那些屋顶上的"人"字形的窗户，简直就是再现了20世纪30年代老电影的片场。那天下午，我们几位朋友在一座标明"民国二十三年"的中西合璧的建筑面前流连忘返，这座墨绿色墙很像延安窑洞的房子，门前是宽敞的庭院，四周是高大的树木，一阵微风吹来，那种静悄悄的感觉真好。

曾在欧洲生活了22年的艺术家张小夏在看了一批1865的图片后，很有感慨。他说：1865虽然是个工厂，但它是有文化内涵的，它让人走进这个环境就会一下子调动自身的感受。建筑的三要素是审美、建筑和商业，如今的许多建筑光是注重商业不注重审美，时代感不清晰，与历史没有联系，造成我们的审美疲劳，当今的建筑师应从1865之中受到启发。

如今比较成熟的艺术园区北京798，是新中国成立后民主德国设计师设计的包豪斯建筑风格的厂房，受到了当今艺术界的高度好评。而我们眼前晨光厂的7座二层西式厂房楼群，时间要朝前推到1935年。这个由英国工程师设计的，式样及格局参照了当时最流行的英国工业建筑风格，整个联排厂房向南呈"凹"形分布，架空的过街楼，把整个楼群串联在一起。而另一处1936年所建的联排厂房，似乎更高一筹。这组楼群的房顶不但参照了中国传统建筑的歇山顶风格，还在房顶上设有锯齿形天窗，这一独具特色的天窗面北而开，避开了太阳光直射的辐射，不但使厂房内光线柔和，还使机器加工产品的油烟灰尘，能有效地从厂房内排出，从而保证了房内的空气清新。

曾在里面上过班的65岁的马师傅说，从任何一座厂房的楼梯进入二楼后，不需下楼就可以通过过街楼道进入其他任何一座厂房，夏天晒不到太阳，冬天也把风雪挡在外面。那天与我们同行的两位朋友，可以在过街楼道里自由自在地骑摩托车，可见当年的设计是多么的牛。

那天我们居高临下，站在高坡上俯瞰那一排排气概非凡的厂房，厂房在夕阳的映射下显得非常壮观，在相机的取景框里竟形成童话般的光斑，简直就是一幅绝美的油画。

1865除了历史的悠久和系出"名门"的建筑，给我们感触最深的就是，现有的空间本身就是一个巨大"现代艺术场"。不管我们是爬上那些气息潮湿的车间楼道里，还是行走在曲径通幽的碎砖小路上，总是不经意与"历史印记"相遇，比如墙上涂着红油漆的"最高指示"，比如房顶上的老式铁皮烟囱，比如楼房上的高音喇叭，它会一下子把你带进昔日尘封的记忆里，仿佛可以听到那个年代的广播体操音乐声。尤其是我们无意闯进一间破旧的厂房里，那些地面机器被搬走的痕迹，房梁上悬吊的不

[1865——那一束古铜色的阳光]

居高临下,厂房在夕阳的映射下显得非常壮观

规整的"安全生产"牌子,墙面上尚未拆除的电线……这些不经意的组合,在我们眼里简直就成了一个"后现代的艺术馆"。

那天,我们长时间地站在一间空荡荡的厂房里,秋日下午的阳光透过玻璃窗照射在水泥地面上,组成了一幅奇异的画面。墙上那些老式的照明灯、电闸刀,墙角的消防栓,空中巨大的行车,这些特有的时代符号组在一起,仿佛构成了一个先锋话剧舞台的场景。据说前段时间在这间空旷的厂房里曾成功举行过一场服装秀,那天手拿小提琴的美女模特们从不同方位走出来,演绎风尚的主题。

1865巨大的审美价值和实用价值已引起各方面的关注。那天我们在吴为山雕塑艺术工作室里,看见巨大的车间里放着形态各异的雕塑,眼前的这些"历史文化人物"同原有车间的老式吊车组合在一起,竟有种浑然一体的气派。

那天和我们相遇的两位80年代的朋友就是来看房子的,准备在这里做一个艺

如今的1865成了凡德艺术街区

术摄影棚。而在那座"晨光1865"招商大楼里,该公司总经理胡建军的话更是令人兴奋:整个园区将打造几个独具特色的功能区域。北部毗邻秦淮河一带将被打造成时尚生活休闲街区,引进高档餐饮、精品休闲项目;东部养虎巷一带将和金陵大报恩寺休闲街对接;休闲街滨水地带还将修建木质观光休闲平台;园区中部那座高24米的小山——马家山,将会建成山顶花园酒店商务区。不过,也有许多有识之士对这种"大刀阔斧"的商业规划表示忧虑。南京画家汤国说:建筑是有灵魂的,艺术也是有灵魂的,希望相关开发单位以正常的心态,开发要还原原有的面目,要把挖掘文化和审美放在第一位。

现在园区内已经新建成了1865凡德艺术街区,引进文化、艺术等工作室入驻,就像那家先锋当代艺术中心,经常策划和举办像《先生回来》这样的有文化、有厚度的大型展览。

其实这家老工厂眼下就很像一个安静的公园，随处可见或草地葱茏，或小桥流水，或曲径通幽，颇有移步换景之妙。穿行在那些香樟、雪松、蜡梅的树木丛中，闻到那些沁人心脾的桂花香，有点像漫步在自家花园的放松感觉。那天下午给我们印象最深的是阳光，那是一种古铜色的阳光，阳光洒在厂房的玻璃窗上形成令人眩晕的感觉……那天黄昏，我们几乎是带着依依不舍的心情离开的，我们知道世界上有许多东西是不可复制的，我们更相信环境是可以造就历史的，比如这些百年沧桑的建筑，比如这些古老的树木，比如那一束古铜色的阳光。

胡家花园
——复活的金陵私家园林

鸣羊街是南京门西一条老地名的后街,刚恢复开放不久的著名私家园林——愚园就坐落在这条街上。因为愚园最后一个主人姓胡,老百姓称之为胡家花园。提起胡家花园,在老南京人心目中几乎家喻户晓。在许多中年人的童年记忆里,这是一个荒芜的园子,女孩子在里面挑过野菜,男孩子在里面"打过仗"。

胡家花园的前世今生并不复杂,早在明代它叫西园,和明代画家文徵明笔下的东园(现在白鹭洲公园)一样,都是明代功臣徐达家族建造的私家园林。后来西园易主徽州商贾汪氏,再后来易主明代被罢官的兵部尚书吴用光。

最后,胡家花园的主人胡恩燮出场。清同治十三年(1874年),胡恩燮辞官归故里,购下西园故址构筑愚园。有关胡恩燮我们似乎了解不多,他先是做过江宁知府,后来又做过苏州知府,还是徐州近代化煤矿的奠基人。在世人看来,胡恩燮官至两大知府,正是仕途春风得意之际,可他却选择急流勇退,归隐造园做一个平民,可谓"愚"得很,他也"自以为愚,更其名为愚园"。现在看来,胡恩燮不仅是一位有眼光的文人官员,也是一位艺术审美"格"非常高的园林专家。

当时愚园由宅院和园林两部分组成,除了愚湖、宋人石刻"紫烟"等之外,园内

[胡家花园——复活的金陵私家园林]

自然风光的愚园

建有清远堂、春晖堂、水石居、无隐精舍、青山伴读之楼、觅句廊、依琴拜石之斋、城市山林、集韵轩、延青阁、容安小舍、秋水蒹葭馆、栖云阁、春睡轩、柳岸波光、课耕草堂、在水一方、小沧浪等三十六景。这些名字就很文学，让你展开丰富的想象空间。

当年愚园可是金陵最为精致的私家园林，"由是愚园名噪一时，凡四方宦游者至，必纵观周历而去，其时士大夫咸以风雅相许"。可惜如此精致、有文人气息的园林，先后毁于太平天国和辛亥革命的战火，到了抗战期间几乎全毁。

如今我们能重新走进愚园，要特别感激两个人，一位是清代文人邓嘉缉，正是他所写的《愚园记》，给我们提供一个文学的文本。二是民国著名建筑学家童寯教授所画的《愚园》手绘图，正是这幅在20世纪30年代靠"步测"和"目测"所绘的图，成为现在"复活"愚园的蓝本。

那天下午,我们走进胡家花园里,阳光特别好,愚湖边杨柳依依,亭台楼阁,水面上的睡莲,水里的金鱼,形成一幅宁静的风景画。后来我把照片发朋友圈,引起一阵惊呼。那天,我要特别感谢我的好友、著名设计师陈卫新的"导游",还有好友罗羽等陪同,让这次游园不仅有了"游学"的概念,也让我写这篇文字有了底气。

我们先是在湖边"柳岸波光"亭前拍照,路过"春睡轩",上坡时经过一片茶园,然后到了"城市山林"。我们几人还在茶馆里喝了茶,透过竹帘可见外面的春光乍现,与厅堂里的宫灯形成一种奇妙的感觉。后来我们还穿过月亮门,来到湖边登上"延青阁",可见到对面的"课耕草堂"。

愚园不但可以居家过日子,还可以看到家族文化对人的影响。就像我们看到种

庄重典雅的"铭泽堂"

植的茶园,"课耕草堂"里放着水车、农具、蓑衣等,就是用于胡家子女学习和实践的地方。在那块空地上,还竖着"愚园养生池"一块碑,记载着"尊重生命,善待生灵"的家风。

后来,我们走进胡家居住的区域,那间庄重典雅的"铭泽堂",当年李鸿章、曾国荃、薛时雨、邓嘉缉、张之洞等名人曾光顾过这里,他们还为愚园题写楹联、园记、题咏等。当时连上海最有钱的哈同都慕名来愚园参观过,孙中山先生在辞职后还专门来这里与朋友告别。

在"铭泽堂"的后面是内宅楼房,底楼是胡氏主人父子胡恩燮、胡光国的书房、卧室,楼上是胡恩燮母亲和女儿居住的地方,我们可以看到卧室、琴房、绣房等。胡恩燮是一个孝子,辞官造园,首先为了安家尽孝(愚园里有个春晖堂)。他也是个文人,诗文都非常好。更难能可贵的是,他还是个真正的男人,在战争浩劫的面前,敢于表明自己的态度。

咸丰三年(1853年)太平军攻占南京,胡恩燮一家大小十一口被杀。胡恩燮遂为清军向荣等"募豪士""谋内应",潜入城内策反,36次往来金陵城;"先在水西门外芦苇深处掘一窖",再使人扶母藏匿其内,后"独冒风雪黑夜"亲负老母逃离出城。清帝知晓乃敕建牌坊,彰其"雪窟救母"之举。据说以前在胡家花园附近,还建有"孝子牌坊"。现在的"学智坊",以前就叫"孝子坊"。

记得那天,我们停留在一个天井里休息,所坐的石凳和石桌都是胡家的旧物,院子里还有一棵百年枇杷树,让人想起归有光的《项脊轩志》。只记得天井里都是斑驳的光影,坐在那里四周悄然无声,让人有些恍惚,有些感伤。

愚园最为经典的就是被誉为"金陵狮子林"的假山石,当时造园时,是仿苏州狮子林而建,"假山垒石空洞,曲径宛转,忽升以高,忽降以下,状若狮子,美妙无比"。现在假山石还有"六朝石遗址"的牌子,六朝石又称张乖崖醉石,相传当年堆假山时,为胡恩燮意外获得,石上刻有"刘季高父徘徊其旁,绍兴丁丑六月乙未"十六个字。古石失而复得,传为奇闻。胡恩燮所写的《六朝石记》,专门记录了这件事。

好的园林是要让人看不透的,那天我们在愚园里行走,一是感受到鲜明的山水

"金陵狮子林"

格局,有野逸气,该园巧妙地运用借景的手法,依花露冈的走势而建,因水成景,借景仓山,使有限的空间得以无限延伸。二是私园特色,像住宅、藏书楼、茶园、耕读学堂、厨房等,再加以建筑与水、山石等形成柔与刚、虚与实的对比,以瀑布流水与建筑形成动与静的对比,让人能感受到诗书之家的生活气息。三是文物古迹。现恢复的32个景点,都是可以解读的,各个景点可以相互渗透和借取,还可以借水声、鸟语、花草、树荫,增加大自然的真实趣味。一句话,只要你有心,都可以感

山水格局,有野逸气的愚园

受到重重叠叠的风景。

　　历史上传统文人都有亲自主持兴造自己别业的风雅传统,胡恩燮一生遨游南北,遍览名园,胸有丘壑,爱好诗画,又有泉石膏肓之癖,兴造愚园自然是游刃有余。据说,胡恩燮辞官后虽然年老有病,但依旧能亲力亲为。传说胡恩燮临终前,一连几日就躺在藤椅上,盖着棉褥,让园工抬着四处走动,并和陪伴的家人作最后的交代。1892年,胡恩燮因病辞世,享年68岁。某种程度上,愚园是胡氏父子用一生的气力留给南京城的遗产。

　　那天,我们停留在湖边的清远堂,站在这里既可以欣赏到湖景,也可以看见后园的狮子林。记得夕阳西下,湖面上形成奇妙的光影,美得让人沉醉。这不由让人联想到历史上袁枚的随园、李渔的芥子园,如今都难寻踪影,前者只能路过广州路时感伤一下,后者只能站在周处读书台遗址上凭吊一下。

　　我想眼前"复活"的愚园的场景,不仅是南京人民的福气,也是对九泉之下的愚园主人最好的告慰。

瞻仰阮籍墓，向往清洁的精神

我们在陈卫新老师的"导游"下参观了胡家花园后，真是觉得意犹未尽。陈老师说："要不要去阮籍墓看看？""当然当然！"我和罗羽老师几乎是异口同声地答应。说实话，我曾无数次从不同版本的书中，看过南京阮籍墓的照片，却一直无缘相见，没想到多年埋藏在心里的愿望，瞬间就可以实现，真是有恍如梦中的错觉。

傍晚的阳光依旧有些耀眼，我们沿着花露北岗路没有走多远，就见到传说中的瓦官寺，再走几步就来到原四十三中，现改为文枢初级中学的大门。陈卫新告诉我们，上次他特意想进去看看，结果被门卫挡住，坚决不让进，今天我们只能碰碰运气了。是的，如今社会治安不好，一些校园曾多次发生劫持学生的事件。记得我有一次去上海，好不容易找到上海音乐学院附中，想进去看看宋美龄的别墅，结果也被两个保安毫不留情地挡在门外。

五一长假第一天，文枢中学里面空荡荡的，校门内不远处一位清秀的中年妇女在洗刷东西（当时我就觉得会有戏，人有时候是可以凭面相作判断的），当我们说明了来意后，她居然同意让我们进去看一看，前提是不能拍照。我们连忙像鸡啄米般地点头说："好的好的！"记得我还此地无银三百两地加了一句："我们没

[瞻仰阮籍墓,向往清洁的精神]

传说中的瓦官寺

有带相机。"

　　进大门没有走多远,就见到一个高台子,上面长着松柏和竹子,正面对着操场,上面有"竹趣台"三字。沿着高台子顺延转弯,一眼就看见台子中间那个墓碑,上面用隶书写着六个大字"晋贤阮籍之墓"。

　　当我们几人沿着台阶走上去,眼前就真真切切出现了阮籍的坟茔,上面长满野草。不知为什么,当我们看到这个场景时,真有想哭的冲动,太不容易了。当时陈卫新提议我们拜一下,我们就在墓前合掌祈祷,然后绕墓

阮籍墓碑

049

一周。其实我当时都有跪拜的冲动,我估计我们几个人肯定都有,只是克制住自己的情感罢了。

有关阮籍墓的由来,据清末著名文史专家陈作霖先生所著的《凤麓小志》中记载,明代万历年间,有一个叫作李昭的人,在花露岗挖到了一块断碑,上面写着"晋贤阮"。接着,李昭又挖到另一块断碑,上面写着"籍之墓"。两块断碑上的文字合在一起,李昭就认定此地是阮籍墓。据陈先生分析,西晋灭亡后,北方大族南迁,阮籍后人随众多中原世家大族南渡后,可能在东晋首都建康(南京)为纪念先人而建了一个阮籍的衣冠冢。

现在我们看到的阮籍衣冠冢,由坟茔和墓碑组成。坟茔下部为圆形,直径约5米,用青灰色砖块砌成,上面覆盖封土堆,砌成半球形,保存得相当完好。坟茔东侧的墙壁上,镶嵌着一块文物标示碑,上面刻有"晋贤阮籍之墓",落款为南京市人民政府,时间为1984年3月。当时我们还是偷偷地用手机拍了几张,不为别的,只为了

阮籍衣冠冢由坟茔和墓碑组成

内心的那份感念。

提到阮籍,就会想起他那首诗:"夜中不能寐,起坐弹鸣琴。薄帷鉴明月,清风吹我襟。孤鸿号外野,翔鸟鸣北林。徘徊将何见,忧思独伤心。"记得许多年前,我第一次读到这首诗时,不知为什么,当读到"孤鸿号外野,翔鸟鸣北林"时,那种透心的孤独,那种月光如水的冰凉,让人喘不过气来。

文学的功能就在于心意相通,哪怕与诗人相隔千年,也会在一个瞬间精神相接。记得我童年时住在父母教书的乡镇小学,有一次半夜里醒来,透过茅草屋顶我真听到夜空中孤雁的叫唤声,那头离群孤雁的叫声从近到远,真是凄凉。谁说少年不知愁滋味?这个孤雁的鸣叫声,让我有了"少年也知愁滋味"的感觉。人到中年以后,我喜欢听些古琴曲,特别喜爱那首《平沙落雁》,尤其到了这个年龄,夜深人静时听这首古琴曲,仿佛听见了远方那只年老的孤雁的阵阵哀鸣。

魏晋南北朝时期,是个相互残杀的年代,比如"八王之乱",家族父子兄弟互相残杀,几乎成了连环套般的版本。还有不按牌理出牌的"五胡乱华"以及"侯景之乱",更给平民百姓带来严重的灾难。中国的历史就是靠武力征服的变迁史。

"竹林七贤"是指魏末晋初的七位名士:阮籍、嵇康、山涛、刘伶、阮咸、向秀、王戎。他们从表面上看,在生活上不拘礼法,清静无为,聚众在竹林喝酒、纵歌,其实在这背后是他们对当时现实有着可贵的清醒,或者说,只是一种消极反抗的办法。

在阮籍这些读书人的眼里,你有铁的专政工具,我有琴棋书画,实在不行还有酒,还有"五石散"。阮籍的诗写得特别好,凭他的才华,如果与统治者合作,哪怕就变通一下,或者对他们的所作所为睁一只眼闭一只眼,小日子也会过得很舒服。但阮籍之流偏偏是死脑筋,硬骨头,宁可吃"五石散",宁可整天伴装喝酒装疯卖傻,也要维护自己的"清洁精神"。

其实阮籍当时有个机会可以改变自己的命运,当时最高统治者司马昭要和他结为儿女亲家,换上别人早就载欣载奔求之不得,不要说明媒正娶嫁女儿,哪怕女儿做人家小妾都算光宗耀祖。而阮籍就是不干,有意醉酒60天,避而不见来提亲的人,硬把这件所谓的"好事"挡掉。在他看来,与司马氏谈婚论嫁,才是他人生的耻辱。

事实上，对真正的读书人而言，清白比生命更重要。

记得那天我们离开学校时，真有些依依不舍，觉得这所普通的中学真是很值钱，就凭一座阮籍墓，该是一笔多么丰厚的精神财富。

有关花露岗的来历需要交代一下。花露岗是凤台山的一座小山，晋元帝时，这里本是制陶的地方。据说，建瓦官寺（原来名字叫瓦棺寺）还与大画家顾恺之有关，当年他在墙上通过画维摩诘像吸引香客来捐钱，共募百万钱成为美谈。唐朝时期这里叫凤凰台，李白那首著名的《登金陵凤凰台》："凤凰台上凤凰游，凤去台空江自流。吴宫花草埋幽径，晋代衣冠成古丘……"现在看来，其中所说的"晋代衣冠"有可能就是指阮籍墓。南唐时期，这里有同样著名的昇元寺，到了宋朝时有昇元阁。到了明代这里也叫仓山，是明代军队屯粮之处，当时也建有凤游寺，尤其在云锦业极盛时期，这里由于地势高（织云锦怕潮湿），也是机户工匠人家集中最多的地方。

千百年来，南京的民风极简朴淳厚，特别在门西，这种古风尤为具体。据《金陵野史》中记载，居住在这里的虽然都是平民，却很少看到吵嘴打架的，对老年人也很尊重，市民特别瞧不起游手好闲、不务正业的人。

我在这里喋喋不休地说这些，其实是想说出这样的意思：文化和宗教对人是有教化作用的。同样，做事专注的手艺人，对人的性情改变也有很大的作用。如今我们在社会上经常可以看到如虎似狼的人，哪怕对妇孺也可以残暴下手，觉得很不可思议。现在只能说服自己，没有信仰，没有底线，没有节操，这些人已经返祖到蛮荒时代。

据说，阮籍墓被列为第一批"南京市文物保护单位"，随着门西传统风貌区保护复兴项目的开展，阮籍墓将不再"养在深闺人未识"，这里将成为一个著名的文化景点。就像我们那天在路上感慨的：生活在南京其实很幸福，只要你有心，眼前总有你期待的好风景！

总统府
——恍惚穿越民国年代

总统府是来南京的游客首选景点之一。我以前住在中山东路头条巷,每次上班都要从总统府高大的院墙下面经过,不知为什么,院墙外面的一排梧桐树长得特别粗壮,枝繁叶茂伸向天空,人走在树下,会在心里认定这才是老南京的味道。

提到总统府,我们的脑海里总是浮现那个历史镜头,几位解放军战士站在总统府的门楼上,把青天白日旗拔下来,换上五星红旗——据说这个镜头是后来为了需要摆拍的,虽然是摆拍,却是真实的历史,因为总统府自1949年之后,就失去了原有的功能。

总统府可谓是历史上的风水宝地,这块地从明朝初年就是汉王府,清朝为两江总督府,连太平天国也把这里建造成土豪金般的天王府。最后清军占领南京,一把火把这里烧个精光,只留下西花园那个船舫的底座。

如今走进总统府大门,沿着中轴线往前走,就可以看见大堂、二堂以及后面的礼堂,一直到最后的子超楼。

据说太平天国时期,大堂叫金龙殿,那年洪秀全病死后,那些造反派们不按牌理出牌,就地把洪天王埋在大堂的金銮宝座下面。没想到清军打进来,把"天王"尸体

总统府可谓是历史上的风水宝地

挖出来,连同大殿一起烧掉了。

应该说,现在的总统府都是在1870年重建两江总督署之后的建筑。两江总督这把交椅含金量很高,林则徐、曾国藩、李鸿章、刘坤一、沈葆桢、左宗棠、张之洞、端方等均坐过这把交椅。

总统府最有历史含金量的时刻是孙中山先生在1912年1月1日就任中华民国临时大总统时。打开历史书会为我们呈现这样的镜头:孙文这个海归派的革命党人,那天上午从上海哈同花园乘马车到上海北站,受到上海数万人的欢送,然后登上火车乘沪宁线驶向南京,因为沿途军民云集,火车走走停停,一直到下午5点才到南京下关火车站,然后乘当时市内的小火车在东箭道站下,转乘马车进了总统府。以前我们对总统就职大典安排在晚上11点举行,有点不可思议,现在才知道其原因。

那天深夜,各省的代表、各军将领、各界人士两百多人见证了孙中山的就职典礼。随着隆隆的礼炮声,中国历史上第一个共和制的国家政权诞生了。

1912是个好数字,就像现在与总统府一墙之隔的风尚街区,就是以1912命名的。

沿着中轴线往前走到最后面的那座大楼叫子超楼,当时是国民政府主席林森所建。林森,字子超。这幢总统府的主建筑,门前有两株印度进口的雪松,枝枝叶叶披挂下来,非常美。

如今很多人都知道孙中山伟大,但究竟伟大在什么份上,却有点说不清道不明。孙中山最了不起的就是把中国从几千年来的封建社会一下子过渡到共和体制国家。比如制定"剪发辫"、"废缠足"、"改服饰"、"禁刑供"、"改称呼"、"废跪拜"等政策法令,更是史无前例的创举。仅"废缠足"这一项,就让数万万年轻女孩子免除了痛苦。还有像"禁刑供"这一项,把中国历史上那些鞭打、枷锁等野蛮逼供手段废除,把人真正当人看。还有"废跪拜",用鞠躬来代替行礼,改变数千年人们人格之间的不平等。

孙中山也是一位真正意义上的平民总统。据说孙中山平时不让卫兵喊他总统,叫孙先生就可以。他有时一个人溜出总统府上街买茶叶,连门口卫兵都不会察觉。如今我们来到那个仿法国文艺复兴样式的西花厅——总统办公室,依旧可以看见里面非常整洁,几乎一尘不染。据说孙中山当年就是一个非常讲卫生的人,他的起居非常有规律,自己把办公室、卧室整理得井井有条,不要卫士动手。他的生活也非常简朴,早餐就是豆浆稀饭,经常吃的荤菜就是"猪血炖豆腐",既经济又有营养。他那件半旧的中山装,袖子都已经毛了,但会客时那双白色旧皮鞋总是擦得雪亮。历史上许多大人物台面上非常风光,背后生活却是一团糟。而孙中山却是表里如一,以身作则,传递平民意识,传递文明健康的生活观,用现在的话说就是把学问用在自己身上。

1912年4月1日,是个"愚人节"的日子,孙中山在这一天宣布辞去临时大总统职务,其实也是顾全大局,平衡各方面的利益。1925年3月12日,孙中山在北京逝世。1929年6月1日,根据其生前遗愿,将陵墓永久迁葬于南京紫金山。

1927年4月,南京国民政府成立后不久,就迁移到总统府办公。谭延闿、蒋介石、林森先后任国民政府主席。再后来在1948年5月20日,蒋介石和李宗仁分别当选为总统和副总统,也开始将国民政府改名为总统府。

如今首任国民政府主席谭延闿的墓在南京灵谷寺以东,是座非常精致阴柔的建筑。蒋介石于1975年4月5日病逝于台北,享年87岁。据说生前想让自己安葬在南京东郊紫霞湖畔的正义亭附近,但一直未能如愿。林森1943年8月1日因车祸在重庆逝世,葬于歌乐山林园,如今在南京东郊灵谷寺后面最深处有他的别墅废墟——桂林石屋。

如今在总统府大院的两边,分别为东花园和西花园。

东花园曾经是太平天国的东花园,清朝两江总督期间,这里还有钟楼、御书楼,后来都在战火中被毁。民国几十年中,这里一直是国民政府的行政院,以及社会部、地政部等办公机关。

西花园,又叫熙园,更是一处风景独好的中国式古典园林。我们进门可以先看到那座桐音馆,这个清秀的建筑,因为四周有梧桐,下雨时雨水落在树叶上"啪啪"作响而得名,当年孙中山常在这里会见宾客。1978年,这里也曾办过省国画研究生班,培养过许多重量级的画家。

走进那片小湖,一眼就可以看见湖边的船舫。类似船舫的建筑,好像北京圆明园也有一座。当年这座船舫乾隆下江南也来玩过,还挥笔题名"不系舟"三字。估计太平天国的洪秀全也知道船舫的重要性,除底座无法改动外,其他全部破旧立新重建。不过后来清军的一把大火全部烧掉,这是他没有想到的。

熙园是一座古典园林

子超楼

在小湖的东侧有个叫忘飞阁的古建筑,在小湖的北端还有个叫漪澜阁的建筑。前者因为风景美,连鸟儿都忘记飞翔;后者曾经是孙中山办事或休息的地方,也有人称中山堂。

在小湖的西边,与忘飞阁相对,还有一座古色古香的建筑叫夕佳楼,这里现在是先锋书店的"民国书院"。在这家特色书店里,可买到珍贵的民国史资料和太平天国及清末史料等书籍。

在书店二楼是先锋咖啡厅。有意思的是,去二楼要从书店对面的小门上台阶,这里虽然不大,却分为室内和平台两个区域,你可以挑好书在楼上小坐,或读书喝茶,或观看窗外小湖的风景。

我曾经在一个春雨霏霏的下午,约朋友在这里喝茶,只觉得窗外的景色让人恍惚,有一种穿越民国年代的感觉。

在这里或读书喝茶，或观看窗外小湖的风景

一座中山陵，半部民国史

许多年前，当我是个县城小青工时，陪我82岁的外婆来南京中山陵，那种像生长在山坡上的蓝色建筑，给人以庄严肃穆的美感。那天我扶着外婆站在中山陵的最高台阶上，看四周群山的苍松翠柏，气象万千。许多年之后，我才知道中山陵的设计者叫吕彦直。

中山陵面积共8万余平方米。主要建筑有牌坊、墓道、陵门、碑亭、祭堂和墓室等。环绕中山陵的主体建筑，还有一系列纪念性建筑，比如宝鼎、音乐台、流徽榭、仰止亭、光华亭、行健亭、藏经楼等，尤其是那座冲天式石牌坊，上面有孙先生的手迹"博爱"两字。孙中山以伟大的博爱精神致力于资产阶级民主革命，为民族的独立自由奋斗不息，可以说"博爱"二字正是对他一生的高度概括。

1912年4月初，孙中山约好友胡汉民等人骑马游紫金山，面对风光秀丽的景色说："待我他日辞世后，愿向国民乞一抔土，以安置躯壳尔。"当时正是孙被迫辞去临时大总统不久，人有时退一步，才会本能地想到生死的哲学问题。

13年以后，孙中山在北京逝世，他在弥留之际，把在紫金山安葬的愿望又提了出来。经过当时总理丧事筹备委员会的决议，并经宋庆龄和孙科的三次实地勘察，终于确定了中山陵的墓址,并向海内外悬赏征集陵墓设计方案。

当时上海年仅31岁的设计师吕彦直的方案,在40多个来自世界各地的方案中脱颖而出,被评为一等奖。正如该方案经过专家复议评点的那样:简朴坚雅,体现了中国古代建筑精神。有人说,吕彦直在这之前是个名不见经传的青年设计师,这里面话中有话,似乎他有点"撞大运"的嫌疑,其实任何的机遇都不是偶然的。

吕彦直出生在天津富裕家庭,自幼喜欢绘画,9岁随姐姐侨居巴黎,受到法国先进文化的熏陶。少年时回北京五城学堂读书,受到我国近代文学家、翻译家林纾的教诲。后来又考进清华学堂留美预备班,最后毕业于美国康奈尔大学的建筑系。回国后,又做了首都计划的首席顾问、美国著名建筑师墨菲的助手,参与了两所大学的建筑设计,一个是金陵女子大学(现南京师范大学随园校区),一个是燕京大学(现北京大学)。

在北京期间,吕彦直还做有心人,对明清故宫做了大量的实地考察,亲手绘制了不少故宫建筑图。在这之前,他又有机会去欧洲各地考察西方建筑。正是文学、艺术的熏陶,正是东西文化、建筑艺术的融会贯通,才会让他有了"天将降大任于斯人"的机会。其实在他中标之前,他已是在上海有了7年丰富经验的建筑师了。感谢当时的考评专家委员会,那时是真的"公平、公正",也没有门户、地域之见,终于让吕氏作品永久地屹立于世。

其实,当初建中山陵也是一片反对之声,理由是"老百姓生活如此贫困,还用血汗钱修奢华墓地"。其中反对声中就有北大的胡适。包括对吕的方案也是有反对的,后来当雄伟庄严的中山陵建成之后,才让许多人没有了声音。不过令人遗憾的是,担任陵墓建筑师的吕彦直,在中山陵一、二期工程完成后,不幸英年早逝。他是属于"过劳死"的典型,在某种程度上,中山陵就是吕彦直先生的丰碑。记得当时广州还有一个中山纪念堂,方案也是通过竞标产生,设计者依然是吕彦直,这就印证了那句老话:是金子总会发光的!

前些年,我曾看过一张中山陵刚落成时的黑白老照片。当时的中山陵孤零零地竖立在那里,周围一棵树都没有。

[一座中山陵，半部民国史]

中山陵牌坊，给人庄严肃穆的美感

中山陵主要建筑有牌坊、墓道、陵门、碑亭、祭堂和墓室等

设计简朴坚雅,体现了中国古代建筑精神

众所周知,正是因为当年孙中山"奉安大典"的行走路线,才有了中山码头、中山北路和中山东路,以及中山门外的中山陵。前人栽树后人乘凉,可以这么说,中山路上的梧桐树,包括中山陵周围漫山遍野的森林,都是中山陵带来的"风景"。这话可能有点绝对,但却是不争的事实!

"一座中山陵,半部民国史。"中山陵风景区后来也成为许多民国名人安葬的地方,比如廖仲恺、何香凝、邓演达、谭延闿。还有国民革命军阵亡将士的"无梁殿",以及南京航空烈士公墓,那里镌刻着3 500余名中外航空烈士的英名。

廖仲恺当年被人暗杀在广州越秀南路,本来已经埋葬在广州驷马岗,但为了表彰他的丰功伟绩,1935年将他的灵柩送回南京紫金山安葬,这已经成为一种至高无上的政治待遇。如果说中山陵的建筑风格是充满阳刚之美,那么谭延闿墓就是呈现阴柔之美。上次程益中老师来南京,我陪他们去了谭延闿墓,那些山水园林的布局,精美的汉白玉祭台、牌坊、石柱,传说就是从圆明园移过来的。

如今的中山陵已成为南京最美的风景区。山川形胜和民国建筑已成为南京最拿得出手的两张牌,试想一下,如果没有中山陵风景区,南京的魅力肯定会大打折扣。上次采访中山陵八号的孙科公馆,才知道当初孙科建这个房子就是为父亲孙中山守灵用的。那个美如仙境的院落,那个被幽深树木环抱的寂静小湖,虽然世事变幻,白云苍狗,但小湖里的两只鸭子却是我行我素,悠然自得。

梅花山
——梅始以花闻天下

一个早春的上午,我拿着相机陪外地朋友去梅花山转了一圈。春光明媚,野蜂飞舞,虽然梅花还未全部盛开,但山上山下已是一片朦胧的花海。

17年前,我来南京第一次去梅花山,只见男女老幼举家赏梅花,那个欢声笑语的场景深深地打动了我。也许我刚刚结束5年在南方孤独漂泊的生活,那种携老扶幼的"赏梅图"令我非常向往。如今我定居在这个城市已经17年,可能与当初受了那个场景刺激有关。

那天在梅花谷,首先看到的是绿萼梅。这种梅花是纯绿色的,枝和茎也是青绿色,显得特别清雅高洁。据说这个品种非常罕见,难怪历代文人雅士把它比为不食人间烟火的萼绿华仙子,彰显出绿萼梅冰清玉洁的品格。不过,在梅花山更多看到的是红梅。红梅其实是粉红色的,因它的繁密程度和香味与杏花差不多,难怪弄出古诗中"北人全未识,浑作杏花看"的笑话。不过相比之下,我们今人比古代的"北人"更加差劲,大自然中许多花草树木,完全不认得。前段时间我去厦门,面对植物园的花草树木,简直就是个睁眼瞎啊。

梅花中我最喜欢蜡梅。记得去年回老家,在老家院子里,在我舅舅家,我都看见

春天赏梅,成了南京市民的审美风尚

蜡梅绽放,让人生出满心喜悦。蜡梅极其清香芬芳,几乎超过所有梅花的香味。尤其是那些古梅树上的蜡梅,令人有枯木逢春的感觉。上次我陪母亲去扬州史公祠,见到那棵220年的蜡梅树,满树都是芬芳的花,恨不得倒头便拜啊!

在历史上,梅花早就进入中国人的审美世界,成为文人士大夫的高标。感情细腻的古人,对自身周边的花草树木,鸟兽虫鱼都赋予了一片真情。而梅花也毫不吝惜,倾其所有,把最真最美的一面展现在人们的面前。正如南宋诗人陆游所言,梅花寂寞开无主,不求人前显赫,它也无意苦争春,但却一任群芳妒,以冬春之交开花最终"独天下而春"。

梅花凭借自身的傲骨,不畏严寒,不争芳妍,悄然绽放,其高标独秀的气质,孤清坚贞的品格,让人联想起"清雅俊逸"的君子。自古以来,读书人追求的就是淡泊名利,与世无争,不求赏识,心灵充盈。这种理想的人格风范,不就是"万花敢向雪中出,一树独先天下春"的梅花吗?难怪当年北宋词人晏殊的"偷梅雅事"之所以被传

梅花不畏严寒，不争芳妍，悄然绽放

诵，就是因为整个社会对高雅之事的认同。

前段时间，我有幸读到南宋诗人范成大写的《梅谱》。在文学史上，范写的表现老百姓疾苦的诗歌最为动人。没想到他写的《梅谱》，竟让我一直沉浸在艺术审美的氛围里，很舒服。它完全不是想象中的说明文概念，而是有感情、有情致、有趣味的散文。这让我想到清人袁枚写的那本《随园食单》，同样也是毫不呆板，情趣盎然。

范成大在53岁那年，退居故里苏州石湖，建立自己的"梅花源"范村，植梅摘菊渐成规模，并醉心于艺梅赏菊。他酷爱梅花，一生以梅为题赋诗170多首，还寻求各种梅花品种，终于选定了12种梅品，编撰成《梅谱》一书。据说，范成大在家乡建有著名的石湖别墅，如果有机会，我愿意去看看。估计早就不在了，不过也不要紧，我们谁也改变不了历史，无论是帝王还是草民到最后都是同样的归属。但我相信，唯有文字，比如范成大的《梅谱》，才是这位爱梅读书人最好的墓志铭。

那天,我们在梅花山顶博爱阁旁边,还看见一株400年的明代古墨梅,它是梅花山最年长的梅树,也是当之无愧的"梅王"。《梅谱》上说,梅花以韵味取胜,以格调受重,尤其是外形"横斜疏瘦"和"老枝怪奇"被视为最佳审美。据说还有一棵叫"梅后"的墨梅,我们在山坡上找来找去竟没有找到,却看到山坡上许多举家老小游春的场景,其中有位小女孩"咯咯"的清脆笑声,我们在下山后还能听见。

这些年梅花山一直是我的保留节目,每年春天外地朋友来,我肯定首选梅花山。将来我老了,看看中山陵园区收不收老年义工,就像那首《春天里》唱到的:如果有一天我老无所依,请把我留在在那时光里。如果有一天我悄然离去,请把我埋在这春天里。

多幸福啊,呵呵!

梅花山顶上的博爱阁

美龄宫
——享受民国的好时光

如果有人让我举例什么是典型的南京场景,我想首推是中山门外的那条梧桐林荫大道,再次就是隐在树丛中的美龄宫——因为来到这里,南京的两张牌"山川形胜"和"民国建筑"都可以沾上边。

中山陵9号的美龄宫始建于1931年。据说当年宋美龄随蒋介石一起参加孙中山先生的奉安大典,发现四方城东边的小红山一带林海浩瀚,环境清幽,风景特别优美,就建议蒋介石在这里建造别墅,可供两人去谒中山陵时半道休息一下——这种小资调调想必也符合蒋公的心意,于是1931春,这栋预算造价为261 410元的建筑开始动工。

当时因为整座建筑过于富丽堂皇,建筑过程中经费大大超支,受到当时舆论的非议,以致一度停建三年,可见当时的舆论监督还是管用的,最后直到1934年才告竣工。

美龄宫最早的名称是"蒋主席小红山别墅",又称"南京主席官邸",但因为建成之后,蒋介石、宋美龄常在这里做礼拜,民间俗称之为"美龄宫",这个名字一下子就流传开来。记得"文革"期间,为避讳"美龄"之名,曾将附近的9路公交车站"美龄

小红山上的美龄宫

宫"改为"梅岭宫",直至20世纪80年代初期,才又恢复"美龄宫"的名称。

如今美龄宫门牌号码为中山陵9号。凡是标明中山陵几号都蛮牛的,比如孙科公馆是中山陵8号,东郊宾馆是中山陵5号,等等。

美龄宫真是个好地方。进门之后,两边是环状车道,显得特别幽静,沿着中间的石板路往上走,就可看见那座仿中国传统的宫殿式建筑,门口还陈列着当年宋美龄坐的黑色轿车。

美龄宫只有三层,建筑面积两千余平方米。但因为建在小红山顶上,因而显得很有气势。

走进美龄宫第一层是个门厅,两边有接待室、衣帽间、秘书办公室及卧室、厨房、配膳房、洗衣室、卫生间、服务用房等。沿着楼梯往上面走,一下子就到了经典的部分。除了有蒋介石的办公室、书房、会客室、配膳房、秘书室等外,还有可以举行派对的大餐厅。

不过,来美龄宫的游客往往会直奔三楼。千万不要忘记二楼后面有个"凸"字形平台,这里是观赏东郊风景的最佳处,据说当年蒋氏夫妇经常坐在这里喝茶,很是浪漫小资。我每次带外地朋友来,肯定会选择在这里拍照,因为这里无论是风景还是光线都非常好,可以拍出有感觉的照片。如果你是一位细心的游客,会发现这里的汉白玉雕凤栏杆共有34根——原来当初宋美龄提议建造这座别墅时,她正好34岁。

三楼可谓是最为经典的地方,在这里可以看到蒋氏夫妇的主卧室和次卧室,家具摆设一切都给你原汁原味的样子。特别要点赞的是,这次大修之后,所有的细节都非常到位。比如蒋介石办公室里墙上的题词和古画,桌子上甚至留有墨迹未干的宣纸;比如卧室里的双人床上的结婚照,梳理台上凌乱的化妆品,甚至茶几上的茶杯也是随意摆放——那场景就像人刚离开一样;还有那个小餐厅,不仅放着华生牌风

蒋介石、宋美龄的主卧室

扇和老式收音机，就连茶点也是放着扬州富春包子。记得大修前，我曾看过蒋介石夫妇用过的浴室，简陋得就像工薪阶层的卫生间，这跟宋美龄如此讲究生活品质的人完全不对。而现在经过重新装修，才还原其真实面貌。

记得那年台湾作家白先勇先生参观完美龄宫后，回忆起当年宋美龄的绰约风姿，对比眼前的物是人非、人去楼空的景象，不禁发出了"宫花寂寞红"的感慨。

经过2013年的那次大修，美龄宫现在也开放了地下室的部分，如今地下室是宋美龄画展展厅和当年

蒋氏夫妇用过的浴室

警卫人员的宿舍、厨房。记得那天，我在宋美龄画展展厅里流连忘返，她所创作的画路子非常正，不愧为张大千的学生。

我曾在网上看过一段宋美龄当年在美国国会上的演讲视频，那种风采和气度，大长了中国女性的志气。这次在美龄宫二楼我也看了宋美龄的生平展览，说实在的，当年还是初中生的宋美龄，就是一个其貌不扬的"丑小鸭"，但正是通过自身的文化、艺术的修炼，终于成为后来的第一夫人。

宋美龄生前就非常喜欢按摩，她也喜欢喝绿茶，可以起到润滑血管和保护血管的作用。尤其喜欢喝点葡萄酒——就是那种普通的葡萄酒，她看中的是表皮有一种名叫"逆转醇"的物质，它对人体的主要益处就在于抗衰老。

宋美龄平时的饮食喜欢吃蔬菜，尤其对菠菜情有独钟。在南京生活期间，她曾经派医官×博士带着几位医生，专门对菠菜进行了化验和研究。最后得出的结论

当年做礼拜的"凯歌堂"

果然如宋美龄所说的那样，一公斤菠菜中原来竟含36克胡萝卜素，难怪宋美龄多次叮嘱身边的厨师们说：我每天只要吃半斤菠菜，就可抵上一顿红烧肉供给我的养分了。

宋美龄于2003年10月24日在美国纽约逝世，享年106岁，也是长寿之星了。去世的时候基本上是无疾而终，而且皮肤很好，脸上几乎没有老年斑，牙齿基本完整，这跟她一生注重健康养生有很大的关系。

据说，宋美龄晚年居住美国时，因为卖房子被不义公司把房子里的数百件古董字画一锅端骗走了，没想到宋美龄看到报纸后只是一声叹息——她把一切看得都很淡，天大的事情，也是拿得起，放得下，要有所舍，才会有所得。我想，这种淡定从容的人生态度才是宋美龄真正能长寿的原因吧！

在三楼最为显眼的就是那间叫"凯歌堂"的祈祷室。众所周知，当年蒋介石向宋美龄求婚时，首要条件就是必须加入基督教。因此当年这个"凯歌堂"，是每个周日上午蒋氏夫妇同政府高级官员中的基督徒们一起做礼拜地方，就连美国驻华大使司徒雷登、马歇尔将军夫妇也曾加入其中做过礼拜。

在二楼与三楼之间，还有一家先锋文史书店，专营有关民国南京的书籍，虽然书店空间不大，但里面爱书的游客却很多。记得那天下午，我买了一本《宋美龄传记》，然后在二楼临窗的咖啡厅里，看书，喝茶，或发呆看看窗外的梧桐树，享受了一个民国老时光的下午。

中山陵 8 号，春夏秋冬都是风景

每次穿过南京中山陵景区的行健亭附近，总会发现路边有个树木葱茏的院子，里面很安静，门口写着中山陵 8 号，让人非常好奇，这是一个什么院子？是单位也没有挂牌，是个人住宅又太奢侈。不过在东郊风景区总会有许多这样的私密地方，游客们已司空见惯。直至这次采访才知道，原来大名鼎鼎的孙科公馆就坐落在这里。

孙科是孙中山先生的长子，早年留学美国哥伦比亚大学。1927 年国民政府成立后，历任建设部部长、财政部部长、铁道部部长、考试院副院长、行政院院长、国民政府副主席兼立法院院长等。其实孙科在南京的公馆还有 3 处，分别是中山北路 254 号、鼓楼新村 15 号和武夷路 7 号。当年，孙科选择在中山陵园区里营造别墅，更多的是为了他的父亲，遵循了"结庐而居，服孝守灵"的文化传统。不过，人算不如天算，别墅竣工不久，恰逢"百万雄师过大江"，孙科离开大陆，整座别墅由解放军接管。

那天，我们在东苑宾馆小康经理的"导游"下，走进了这座两层民国建筑的房子。孙科公馆又称延晖馆，建于 1948 年，是著名建筑学家杨廷宝先生设计督造的。杨廷宝是当年全国建筑界五宗师之一，在南京有他的许多民国建筑经典作品，比如

孙科公馆外景

南京中央医院、中山陵音乐台和新街口的大华影院等。他的故居就在东南大学附近的成贤街上，不过那间小门一直关闭着。

据小康经理介绍，由于这座房子是孙科用来陪父亲的，所以公馆前的园子里种了许多松柏、扶桑、桂花。孙科公馆占地面积近3公顷，建筑面积约1 000平方米。主体建筑是一幢两层楼的洋房，钢筋混凝土结构，白粉墙，为西方现代派建筑形式。外形设计为不规则的多边形，凸凹衔接。推开那扇用防弹玻璃做的门，楼内有六七套大小不一的套房，底层为客厅、客房、餐厅、卫生间等，二楼为卧室、书房、小厅等。

不过，遗憾的是当年孙科用的遗物已寻觅不见，后来搬进来的许世友将军居住的痕迹还历历在目。比如楼下的小理发室、会客室和餐厅，楼上还有许将军的卧室和他夫人用的梳妆台。在二楼主卧朝南的窗户前，有一个超大的蓄水池，里面有几条悠闲自得的金鱼。后来问了一下，原来蓄水池是起到调节温度的作用，好让室内

[中山陵 8 号，春夏秋冬都是风景]

主体建筑是一幢两层楼的洋房

保持冬暖夏凉。

  我们最羡慕的是二楼那个弧形的阳台，放张椅子躺在那里可感受飘过的浮云。可见好的设计首先还是要符合人性化的生活。那天我们很想坐在那个洒满阳光的餐厅里吃一次饭，透过三面的玻璃可见园子里美不胜收的风景。前段时间，我又去了一次，发现这里已经完全演变为许公馆式的酒店了。

  站在阳台上，可见旁边后建的 2 号楼和远处的 3 号楼。据说 2 号楼是杨廷宝先生弟子设计的，为了"尊重师傅"，当时特意把 2 号楼的地基下沉了几米，以致我们后来站在 2 号楼门前看孙科公馆时，一下子就有了"仰望"的姿态。对了，那天我们是在 2 号楼餐厅里吃了饭，环境很典雅，四周很安静，菜肴清淡精致，分量也很充足。后来我们开玩笑说，毕竟是部队大厨师做的，还没学会偷工减料呵！

  1980 年，中山陵 8 号迎来了它的新主人——同样大名鼎鼎的许世友将军。这位

二楼弧形的阳台

墙上挂有许世友和夫人的照片

充满农民本色的将军立即着手对其实施改造,去掉了一切贵重的装饰品,平整后花园,推倒假山,饲养猪、牛、羊,栽种粮食和蔬菜,把小湖变成了养鱼塘,愣是把它改造成了一座十足的"农家大宅院"。从此,院里鸡鸣狗吠,瓜果满棚。每天一早,许世友就像一个生产队长一样忙活,先给秘书派工,然后自己带人一起下地干活。到了收获季节,许世友更忙活了,张罗着让秘书到处派送他的劳动果实。1985年10月,许将军去世后,这里经过了一番整修,依旧是林木森森、绿草茵茵、假山玲珑,慢慢恢复了旧观。

两个主人,一个是国民党的文官,一个是共产党的将军,尽管各自政治主张不同,但他们都有一个共同特点,就是崇尚自然,人活着要与"地气"相接。有人说,中山陵风景区是半部民国史。同样,中山陵8号也见证着历史的风云变迁。

那天,我们吃完饭从餐厅走出来,沿着那条弯曲的路往前走,走着走着大家不约而同地放慢了脚步,因为我们生怕打破眼前的寂静——只见眼前是参天大树和苍黄的草坪,旁边是假山和小木桥,远处的一汪小湖面上,两只鹅在水面上自在地嬉戏。虽然已是冬日,园子里是一片苍绿,但仍不失大自然的气象万千。小康告诉我们,这里春夏秋冬都是不同的风景,人哪怕心情再不好,只要往窗前一站,就会心情愉悦起来。

小康还告诉我们,每年那些柿子由青转黄再变红,你不去摘,就会被乌鸦掠夺一空。比如那片小湖有时还会有野鸭子飞到这里来"休息"。还有这里的女兵转业复员,最难割舍的就是这里的风景,临行前她们会一遍遍地在园子里拍照留影——那种滋味我们真是能感受得到。

因为我也很想在春夏秋冬的不同季节,带着相机来这里捕捉风景。不过,事先肯定要与所长打个招呼,一定要把那只大狼狗拴好,好让我安安静静地在园子里拍一个下午。

永丰诗舍
——东郊森林里的书房

南京东郊风景区很大,哪怕旅游假期涌进十几万人,出现在那些森林的栈道上,也只有三三两两的人,每个人都可以按照自己的心意与东郊的风景名胜、花草树木以及鸟儿交流。但是,我以前带外地朋友去东郊,享受大自然和风景名胜之后,也觉得有一丝遗憾,如果有个让人歇歇脚的地方,能和朋友喝点茶、交流心得,当然再能翻翻书就更好了。

没想到在南京东郊风景区真出现了一个森林书房——先锋书店永丰诗舍。记得第一次去永丰诗舍发现很容易找,它就在陵园路的边上(去中山陵的必经之路),对面就是行健亭。永丰诗舍其实是一个像花圃的园子,黑漆的大门,绿色铁艺墙,民国建筑风格的房子,上面写着"永丰社"三个大字。

有关对"永丰社"的描述,还真给我蒙对了。当年民国政府举海内外捐助的财力建中山陵风景区,也给那些民国建筑师们有了展现才华的大秀场。"永丰社"建于1933年,是中山陵的附属建筑,当时由中央陆军军官学校捐建,"永丰社"让人联想起那个历史上著名的"永丰舰",像"护国运动"、"护法运动"、"孙中山蒙难"、"中山舰事件"等重大历史事件都与它有关。

[永丰诗舍——东郊森林里的书房]

民国建筑风格的永丰社

由于中山陵风景区植物众多,"永丰社"当时就作为花房——花卉植物的销售点,可见热爱花草的情怀,哪个时代都有。到了抗战期间,"永丰社"被毁。直到1993年,中山陵园管理部门按原貌恢复重建。

走进永丰诗舍院内,就看见室外有一个巨大的露天书架,据介绍,这个构架"中"字形的书架,暗指中山陵,四根斜向的钢构件连接加固形成"W"的构图,也有"书是知识的桥梁"的寓意。露天书架的后面,是一个露天晒台,可以喝茶,可以看书,可以欣赏山林景色。

永丰诗舍的建筑不要看它小,倒也是原汁原味的民国建筑风格,比如蓝瓦、红柱,走廊还有古典栏杆。走进门内,书香气息扑面而来,书架上放满人文历史书籍和文化旅游创意产品,一切都是先锋书店熟悉的味道,让人非常亲切。更为难得的是,虽然是书店,但依旧有家里客厅的感觉,墙上的老式挂钟发出"当当当"的声音,民

巨大的露天书架

国窗户下面的沙发、座椅上,经常会坐着文艺青年男女,在那里静静地喝茶、读书、聊天。

其实,永丰诗舍的精彩更在后面,走进后面左右两个房间,仿佛误入哪个民国上流人家:老式的沙发,带铜喇叭的老式留声机,古铜色的台灯,精致的牛皮箱,老式书架,脚踏手风琴以及墙上的老照片——我之所以详细列举这些,因为我相信老物件也会说话的,只要你有心,就会联想到那些风花雪月的民国场景。

相比之下,左边那个房间中间陈设着白色的座椅,更像民国淑女的闺房;而右边房间中间是圆桌和圈椅沙发,则更像是老派绅士的书房。记得"绅士书房"里还有一个木盒子罩住的家具,猜不透里面是什么物件,后来打开一看原来是一台老式蝴蝶牌缝纫机——呵呵,"绅士书房"也有红袖添香,挺好。

担任永丰诗舍室内设计的是著名设计师张雷老师,我曾听钱总多次赞赏这位建

设计的内涵是尊重文脉

筑才子,却没有更多的机会接触,现在看来,其实更多的是他为人低调不张扬罢了。记得这次为写永丰诗舍,我在电话里与张雷老师作了交流,觉得他许多想法特别有人文情怀。我特别赞赏他的"设计要始终抑制自己的冲动,设计的内涵是尊重文脉、约束自我,不是简单的改变和创造"。他还强调,没有设计的设计,与自然、历史融为一体,才是真正的设计。

记得那次,我陪外地朋友坐在"绅士书房"里喝咖啡,阳光从民国式的窗户照进来,让那些老物件映出一片斑驳的影子。记得我们谈话时经常会无意地停下来,那种四周的宁静,那些窗户外面的浓阴,那些可以嗅到的山林气息,只觉得眼前的一切都是对的,如果让我挑一首曲子表达当时的心境,应该是肖斯塔科维奇的《24首前奏曲与赋格》,当然演奏者最好是俄罗斯女钢琴家尼古拉耶娃。

文章写到这里还不能画句号,永丰诗舍还有一个后院同样不能遗漏,不要看院子小,因为设计了两个月亮门,倒也给人"曲径通幽处,禅房花木深"的感觉。记得院子里有几间房是以诗人命名的,当初先锋书店的定位,就是想把这里作为可以买书看书、具有诗人浪漫情怀的森林书屋。事实上,永丰诗舍开业以来,这里经常举行民间自发的诗歌朗诵、读书活动,大概是这里的环境太好,所以也会经常看到有人扛摄像机在这里取景拍片。

对了,后院的最后面是一处凭靠山林的露台,树木栏杆里面只有一桌二椅。那天我们正好看到两位年轻姑娘坐在那里喝茶,背景是山林景色,一切安静如画。

我曾无数次做中国梦,期待自己能在东郊森林里拥有属于自己的小书屋,我也曾多次给孙女讲安徒生童话《小红帽》里

永丰诗舍后院

山林景色,安静如画

的小木屋。如今有了永丰诗舍,让我爷孙俩有了圆梦的想象空间。

外地人来南京旅游,往往以来过先锋书店为荣。对于南京人来说,除了先锋书店,也会以来过永丰诗舍为荣。

因为这个东郊森林里的书屋,常常会让人无端的想念。

浦口老站的沧桑背影

初春时节,为了寻访浦口老火车站的历史记忆碎片,我们从中山码头出发,踏上开往江北浦口的轮渡。记得我们刚刚在轮渡甲板上坐下,就听见汽笛一声长鸣:"嘟——"同行的朋友不禁脱口而出:"乖乖,有感觉!"是的,江水滔滔,船影朦胧,远处江面飞翔着一两只水鸟,怎么不让人来了精神!

经过大约 20 分钟的航程,轮渡停靠在对岸的江浦码头,我们顺着人流沿着铁架桥向外走去,那场景似乎已有了老电影镜头的感觉。事实上我们刚走出轮渡码头大门,人仿佛跌落在一张发黄的老照片里:初春的梧桐树枝枝丫丫伸向天空,街边停满了南京市区久违的"马自达",沿街几家卖杂货的小商店,耳边还依稀听到卖报的叫卖声。

穿过那条不太宽敞的街道,正对面就是浦口火车站广场。走进这个清代李鸿章投资兴建的老火车站广场,四周尽管是静悄悄的,但依然可以感觉到当年的风骨和气势。广场正面是红瓦、米色墙壁的火车站大楼,这是一幢东西向、分为三层的建筑,尽管历史上曾有过三次大火,大楼历经沧桑却仍然巍峨挺拔。广场右侧是一座有着尖顶老虎窗像教堂风格的老房子,上面赫然写着"售票处"三个大字。广场中

[浦口老站的沧桑背影]

去浦口老站的中山码头

大马路上的江南邮局

间还有一座巨大的球形雕塑,据说这是当年孙中山灵柩从北平运送至南京浦口停放的地方。真的,漫步在宽敞的火车站广场,抚摸着广场上的西式建筑风格的栏杆,我们仿佛可以聆听到远处历史的回响。

1881年,由李鸿章主持和参与的"洋务运动",投资兴建了中国近代第一条铁路唐胥铁路,后来又花费巨资修建了津浦铁路。1905年,中国最老的火车站之一——浦口火车站诞生。这座由英国人设计、中国人施工的火车站当年是津浦铁路的终点和起点,连接着整个中国的铁路网。这个耗资巨大的工程,就像当年有人评点的:"每个枕木下面都躺着一位中国人的冤魂。"

1917年的冬天,当时在北京大学哲学系念书的朱自清,跟随父亲料理祖母丧事完毕,父子俩在浦口火车站依依惜别,临开车时,父亲为了替儿子买橘子,蹒跚地走过铁道,爬上月台——那个两手上攀,两脚上缩,肥胖的身子显出努力样子的父亲的背影,在儿子心里永远地定了格。八年以后,朱自清含着泪水以朴实细致的笔调写下了散文名篇《背影》,也使千万读者永远记住了那个肥胖的穿着青布棉袍、黑布马褂的背影。

1929年5月28日上午10点40分,从北平出发的装运孙中山灵柩的专用列车,到达南京浦口火车站,国民党要员和各界人士臂挽黑纱手持白花,黑压压地站在火车站广场。灵柩到达时,海军鸣礼炮101响,火车鸣笛,长江两岸的军舰也鸣炮致意。随后,灵柩车队由"威胜号"军舰恭送过江,后经过三天各界群众的公祭,6月1日,送殡队伍长达五六里,穿越南京市区街道直至中山陵,沿途数十万南京市民向这位中国民主革命伟大先行者作最后的告别——当年这个运送灵柩的路线,于是就有了后来的中山码头、中山北路、中山东路以及中山陵风景区。

如今,浦口火车站依然保持着当年售票处、候车室、检票口和站台的原貌。尤其那个典型英国风格的绿色站台长廊,分别有39根柱子,全长400多米,显得非常宽敞和极有气势,当之无愧是中国现存最完好的老火车站,也算得上是一座典型的近代火车站的活标本,难怪国内有许多剧组都争相在这里拍戏。

那天我们还特意沿着当年朱自清父亲买橘子的路线,从铁轨翻过月台,登上那

浦口火车站"门前冷落车马稀"也是历史的必然

列停靠在车站里的老式列车,车厢里发旧的墨绿色椅子,深红色地板,那种怀旧的场景很容易让人产生时光倒流的错觉。

在空荡荡的月台上,我们还与一位姓李的铁路师傅攀谈起来。说起当年浦口火车站的盛况,他用了"人如潮涌"这个成语。他说,当年浦口火车站作为南京交通的门户,所有北上和南下的旅客都要渡江到这里,乘车奔向全国的四面八方。随着1968年南京长江大桥的通车,浦口火车站"门前冷落车马稀"也是历史的必然。

是的,对于一个车站而言,熙熙攘攘的人群、火车的汽笛,甚至包括喧嚣在内,都是其不可缺少的内在生命,这种存在使它充满生机,精神抖擞,一旦失去这些内在的动力,它不过是钢筋水泥搭成的空壳。就像我们现在看到的场景:火车站开始显现出衰老的痕迹——生锈发黄的铁轨,被荒草淹没的枕木,还有那座候车大厅墙上挂着的停摆的大钟。

在叙述这些往事时,李师傅用自嘲的口气说:"我们这里是被遗忘的角落。"说这句话时,我注意到他抬头看了一眼空荡荡的站台。

远处,两只狗在站台上来回嬉闹追逐。

南大赛珍珠故居
——为了忘却的纪念

数年前,因安徽几位作家朋友来南京,南京大学历史系陈仲丹教授带我们去了南大校园里的赛珍珠故居。说实话,如果不是陈老师带路,我们很难在南大校园西围墙处的一排房子中,找到这座民国建筑。当时这座小楼的门口还挂着某公司的牌子。

在以后的许多日子里,赛珍珠故居简直成了我的私家旅游路线,每次有外地朋友来,只要去南大,赛珍珠故居是必去的保留节目。因为我心里有数,带外地文友到这里来,等于享受诺贝尔文学奖的"福利"。

有一次,我还在该公司一位先生的带领下,去看了赛珍珠当年的客厅(该公司财会室),拍了当年的壁炉,我们还沿着那个木楼梯上楼,去了那间老总办公室,据说当年就是赛珍珠的卧室。

我有时请朋友在南大附近吃饭喝茶,也愿意带朋友来南大校园。虽然在夜色里这座房子没有灯光,但在我的意念里,它更接近当年的模样,我甚至能感受到这个女人的气息——当然这些只是我的一厢情愿或者是自作多情,但有一点是明确的,我和许多赛珍珠文学爱好者一样,期待这座房子能成为真正意义上的故居。

没想到,故居修复的这件事很快就变成了现实。早在几个月前,我的朋友著名

南大赛珍珠故居

设计师陈卫新告诉我,南京大学建设研究所和南京大学档案馆决定重新修复赛珍珠故居,陈卫新和他的团队也参与故居的修复工作。让真正懂行的研究所和专业队伍来做这件事,无疑是赛珍珠故居的福音。记得修缮期间,我还带朋友去工地上看了两次,有点像自家建房的感觉。

七夕节那天上午,因为有朋友的引荐,我有幸去了刚刚修复好的南大赛珍珠故居。沿着台阶走进一楼,出现在眼前的是客厅和餐厅,墙上挂着当时赛珍珠生活场景的老照片,客厅里的沙发、老式电唱机,餐厅里的餐桌,二楼卧室里的衣柜以及那架老钢琴,都是与墙上的老照片特别吻合,一切都给你原汁原味的感觉。据档案馆的杨老师介绍,内部所有的场景都是根据赛珍珠的第二任丈夫的儿子保罗·洛辛·巴克提供的照片复制而成,每个细节都力求还原历史的原貌。

可能因为环境的感觉特别对,那天我在楼上楼下走动,所有场景都让我特别熟悉和亲切。比如二楼那间阳台上,种满了花花草草,仿佛女主人还未走远,有种居家的温馨。后来我还在二楼客厅那架老钢琴上试按了几个音,带着岁月沧桑的琴声立刻在屋子里荡漾开来……

当年,赛珍珠出生4个月后就被父母从美国带到镇江,这个金发碧眼的小女孩,从小就生活在中国人中间,一直在镇江生活了17年,然后回美国读了大学,后又返回中国。

赛珍珠的父亲赛兆祥是位基督教传教士,在那个清末年代,只要街上出现一个老外,就会像看猴戏一样把你围住,扔石头、吐口水,甚至放狗

卧室里的衣柜与墙上的老照片

来咬你。所以后来赛兆祥在苏北传教时都要带根打狗棍。尤其是义和团运动,当时杀传教士更是一个"爱国"的壮举。难怪作家叶兆言说过:事实上,很多中国作家没看到的东西,恰恰出现在她的文字中间。她眼里的中国,很多相当真实,一点也不离谱。只是这样和那样的原因,大家都不愿意接受。

赛珍珠在她毕业回中国的时候,遇到了学农的美国青年约翰·洛辛·布克,这个与胡适同班的美国人,见到"鹅蛋脸,身材苗条,眼睛漂亮,笑容可人"的赛珍珠,有非常惊艳的感觉,两个人不顾赛珍珠父母的反对,恋爱并结婚。

1921年秋,赛珍珠的母亲在镇江去世后,全家迁至南京。从1935年起,赛珍珠与布克就长期居住在这座由金陵大学分配给他们的小楼里。

当时赛珍珠的丈夫布克就任金陵大学农学院代院长,赛珍珠在金陵大学和东南大学教英语。据说当时赛珍珠的学生很喜欢她在课堂上"天马行空",而这一点却遭

到校方的不满,其实能"天马行空"的教师,毕竟能有"天马行空"的本钱。

就是在这座小楼里,赛珍珠写出了在1938年荣获诺贝尔文学奖的《大地》这部小说,并最早将《水浒传》翻译成英文在西方出版。那天,我特意去了三楼(阁楼)那间当年她的写作间,书桌上放着老式英文打字机,旁边还有一架老式风扇。我很想站在那扇窗户前,像当年赛珍珠描绘的那样"眺望远处的紫金山",可惜外面全部被高楼大厦遮挡。小楼的对面是块空地,我想应该就是赛珍珠当年养鸡种菜的地方了。

在故居里的墙上有些壁橱。其实赛珍珠在写《大地》之前,她已写了父亲和母亲的传记,写好后文稿一直放在壁橱里。她喜欢写作,从来没有想过当作家,只是想写下来将来留给子孙们去读。

没想到不想当作家的人却成了作家,其实这才是文学创作的真正规律。

在写作《大地》的那个阶段里,赛珍珠与布克的感情已经疏远,她的身体也渐渐

三楼赛珍珠的写作间

发胖,除了抚养两个女儿,唯一的乐趣就是孤独的写作,用打字机讲故事已成为她的一种解脱方式。她在写作过程中经常浮现一些可怕的经历,比如她带着女儿走在大街上,经常遭受白眼、辱骂和吐口水,我想那个场景就像电影《红字》的镜头,如果要替这个画面配音乐,应该就是薛伟的小提琴曲《旋律》。

那天在故居三楼的写字阁楼上,我坐在那架老式英文打字机面前,我很能理解写作者那种夜深人静时孤独而又充盈的心境。我相信小说创作的高度取决于自身人文精神的高度,正如赛珍珠传记的作者希拉里·斯波林评价的:赛珍珠的小说"充满感同身受的苦难和忧伤,她的文字毫不矫揉造作"。

在故居小楼前,有一座赛珍珠的塑像,她的目光坚定地看着远方。据说1972年尼克松访华时,她满怀希望能随团来中国,看看她日思夜想的第二故乡,比如镇江、宿州、南京,没想到却在那个极"左"的年代里遭到拒绝。也许希望越大,失落越大,

当年的赛珍珠就是用这种打字机写出《大地》等小说

当时的赛珍珠承受不了这个打击,从此一病不起。

1973年3月6日,这位女作家在美国丹比镇逝世,按照她的遗愿,把她安葬在一棵白蜡树下,墓碑上只刻了三个汉字——赛珍珠。

美国著名学者汤姆森说:"在很大程度上,有了赛珍珠,一代代美国人才带着同情、热爱和尊敬的目光来看待中国人。"难怪那年前美国总统老布什来南京大学,点名要来赛珍珠故居参观,可见她在美国、在世界的巨大影响力。

我想,这样一位无比热爱中国的美国女作家,不能在人们视线里慢慢消失。我写这篇文章,不为别的,就是为了忘却的纪念。

颐和公馆
——让人走神的民国风景

许多年前的一个深夜,几位朋友喝完茶,我们打车送其中一位女孩去颐和路的住所。当时只记得她家是个公馆大铁门,她下车后说声拜拜,只听到"咣当"一下的关门声,这个声音很快就消失在无边无际的黑夜里。

20世纪二三十年代,民国的"首都计划"将这里划为高档住宅区,当时的高官名流、外国公使云集于此,至今保存较为完好的中西合璧的民国建筑仍有225幢。其实这些老房子并不奢华,甚至有些沧桑颓败,但你站在它的面前,总是让你会走神,它传递给你的是那种历史的味道和时间的气息。

南京的民国建筑在全国可谓首屈一指,但大部分都被机关部队院校占用,也就是说,除了像总统府这些开放的旅游景点,普通游客要想走进那些被保安把守的民国大院里,还真不容易。即使颐和路一带的私人住宅,你也不好意思敲门去打搅。假如你民国情结特别浓烈,想买一幢老房子住住,对不起,即便你有3 000万人家也不卖,因为这个世界上最缺的就是不可复制的资源。

没想到梦想很快就照进现实——随着南京市鼓楼区政府的保护性开发,在江苏路和宁海路围成的三角片区(占地3万多平方米),修缮改造了31幢民国建筑。这

风格各异的民国老房子掩映在树木丛中

里不仅有马歇尔公馆、薛岳、陈布雷、黄仁霖等人的公馆,还形成了艺术馆、精品酒店、红酒雪茄会所、咖啡厅为一体的颐和路民国公馆区第十二片区。

记得那天下午,我是从宁海路27号的后门进入颐和公馆的(它的大门在江苏路3号),院内非常安静,高大的梧桐树在冬日阳光下依旧很有精神,放眼望去,风格各异的民国老房子掩映在那些名贵的树木丛中。接待我的小葛专员告诉我,院内所有的民国建筑都是有编号的,当初来这里上班的员工第一门功课就是要记熟这些楼号,楼外面是没有标识的,其目的就是给客人居家的私密性。即便那些配套的接待大堂、文化馆、会议中心、中餐厅、西餐厅等名字,也是跟南京历史文化名人有关,比如近代中国佛教复兴之父杨仁山的"深柳堂",学者、书法家胡小石的"愿夏庐",著名词学家唐圭璋的"梦桐堂",金陵国学大师王伯沆的"冬饮庐",气象学家竺可桢的"藕坊"等,希望来这里的客人一下子就掉进南京民国历史氛围里。就像我那天在二楼的书吧小坐,除了那杯英国红茶很好喝,让人最感兴趣的就是书架上那些民国版本的书籍。

来颐和公馆,最拿魂的还是那些原汁原味的名人公馆。就像我在咖啡吧里看到的那本《第十二片区·公馆碎影》,院子里的每幢老房子背后都有一段让人感叹的故事,我花了几个晚上的时间才把它读完,可以毫不夸张地说,这些老房子本身就是可以不断阅读的大书。

那天,小葛带我走进江苏路23号的薛岳公馆,客厅里挂着这位"抗日战神"的书法,这位从小崇尚岳飞、后来干脆改名为"薛岳"的国民党将领,当年由他指挥的四次长沙会战,消灭日军10万多人,成为国民党十大抗日名将之一。可惜许多年来我们对抗战的一些历史是屏蔽的,正是这些老房子的存在,才让我们还原这些真实的历史记忆。

院内还有两座像姐妹楼的住宅,引起了我的注意,据介绍这两幢外形几乎分不出来的红尖顶小楼,主人之间并没有瓜葛。江苏路17号的主人叫李子敬,是个国民党的中将,史料上对他的记载并不多,如果不是这座房子,就不会记起这个人。对比之下,江苏路19号那座房子的主人杨公达,却是可以写部小说的传奇人物。这位留

名人故居总是有幽静、神秘、低调的感觉

法回来的博士,英俊洒脱,风度翩翩,当年学成回国在上海震旦大学任教,经常在报纸上发表见解独到的评论,后来被蒋介石重用,一度成为中央大学的校长。抗日战争爆发,国民政府迁都重庆,当时他这个已婚的男人在某个场合邂逅了一位上海名门小姐,这位俏丽动人的小姐仰慕他的才华,竟愿意私下同居,后来还为他生了一女二男,演绎了一出新鸳鸯蝴蝶梦。

不过,在园区里的这些民国私宅中,也不完全都是政要官员,也有学者教授般的人物,比如江苏路21号赵霞荪就是一位民国学者,他去世后,他的太太用他教书40年的积蓄建了这栋房子。还有江苏路11号的吴兆棠公馆,这个毕业于同济大学、先后留学日本和德国的双博士,后来成为民国中等教育司司长,虽然留过洋,却对中国传统文化情有独钟,就像这座唯一的青砖西式平房,表达了一种东方文化的审美趣味。

对了,还有宁海路13号的黄仁霖公馆不能漏掉,黄仁霖是有着留美背景的民国政府"特勤总管",现在风行的自助餐和集体婚礼,当年就是他首次向国人倡导的。有这样一位超五星的特勤总管曾经住在这里,难怪我的几位朋友都说颐和公馆的中餐特别好吃,下次一定要来好好品尝。记得那天我喝茶时点了两块松饼,别有风味,后来打听是一位印尼籍点心师做的。

这31幢民国建筑的主人们,虽然他们的身份不同——政要、军人、教授、学者等,但基本上都受过非常好的教育,有些是留美、留法、留日回来的博士,虽然时局风云变幻,但他们都活得真实,甚至活得有尊严,哪怕就是后来命运走向不同,也都能顺应天命随遇而安。

记得那天黄昏,我拿着相机在院子里转了转,发现这里建筑、绿化和空地搭配非

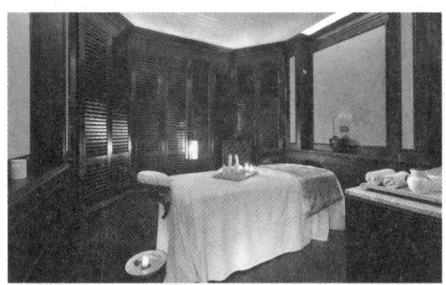

民国建筑的内景

常合理,所见树木也是比较名贵的树,比如乌桕、紫薇、玉兰、忍冬等,尤其是斜阳西下,把落在地上的梧桐叶染成金黄,让人无端就会生出诗意来。说实在的,我很"羡慕妒忌恨"那些从童年就生活在这里的人,因为环境造人,这种诗意的情怀可以滋养人的一生。

我想,如果有机会,我会带上我的家人来这里住上一晚,不为别的,就是为了那份浓得化不开的民国情结,因为要想真正领略民国南京的味道和风情,还是要到这里来细细品味和冥想。

(本文摄影:颐和公馆)

陈布雷公馆
——一部尘封记忆的小说

那是一个下着春雨的午夜,我睡在颐和公馆里那张大床上,翻来覆去无法入睡。外面昏黄的灯光从百叶窗透进来,让屋内的家具有些忽明忽暗的轮廓,恍惚中竟让人有种杜拉斯笔下《情人》场景的错觉。睡不着的原因可能是环境太奢侈,也有点兴奋——我那晚入住的房子是颐和公馆15号楼(江苏路21号),原房主叫赵霞荪,是民国一位知名的学者、教授,赵先生过世后,他的太太朱石仙就用先生40年教书的遗款,购置了这座三层楼的建筑。民国时期银子值钱,不像现在我做记者那么多年,依旧在还着房贷。

在我所住的公馆前面相距二十多米,就是被称为蒋介石"文胆"的陈布雷的公馆。记得那天晚饭前,南京历史专家薛冰老师带着我们去陈布雷公馆,当那位身穿白衣的男管家为我们打开门时,觉得里面很空旷,有点阴森森的感觉。

记得那天夜里,我因为无眠就干脆打开台灯,翻阅那本台湾版的《陈布雷传记》。陈布雷,浙江慈溪人,因才华出众,20多岁就在报界享有盛誉。当时媒体圈有"南陈北张"之说,"南陈"即《上海商报》的主笔陈布雷,"北张"乃天津《大公报》的张季鸾。其实当时的《上海商报》只是商界办的一份小报,却因为陈主笔的文章让这份

陈布雷公馆外景

报纸扬名海内外。

写文章的人最大的本钱就是自信,这是有坚实的学养作铺垫的,就像那天我们在陈布雷公馆里看到他的书画作品,感觉真是才子风范。在他的那间小书房里,写字台上放着笔墨纸砚,墙上可看到他亲笔写的信笺,文字里透出忧国忧民的情怀。应该说,公馆区在保护文物方面做得非常让人点赞,就像眼前这些书法字画的原件,都是从全国各拍卖会上竞拍回来的——不惜成本还原历史面貌,这是他们非常成功的地方。

其实,假如陈布雷继续做一名报人,他的人生可能就是另一个版本。应该说,陈布雷从本质上是位纯粹的读书人,据说1934年,蒋介石正是看他无私心、淡名利,才征召他来南京当御用笔杆子。"士为知己者死",从政后的陈布雷忠实可靠,一改过去张扬的风格,为人低调,从不介入派系纷争。蒋介石不但信任他,也很尊重他,哪怕陈布雷女儿、女婿是共产党员,蒋公都不计较。凡此种种,都使陈布雷感激涕零,多

颐和公馆大院的夜景

次表示对这种"知遇之恩"将铭记不忘。

1948年11月12日深夜,在无任何预兆之下,陈布雷服下大量的安眠药,气绝于次日凌晨,终年59岁。有人说他是遭到蒋介石的训斥,一时想不开;有人说他是为了党国"以死明志";也有人说他女儿、女婿是共产党员,这样做是与蒋决裂……事实上,陈布雷的死因非常复杂。综观陈布雷的一生,他的舍生弃世可以说是他几十年人生道路走到尽头的必然结果。陈布雷无比热爱报业、热爱当记者,却身不由己做了高官;他位居党国中枢,大权在握,却鄙薄政治,不让儿女从政。

陈布雷生前的生活非常简朴,对自己伙食控制非常严,平时就是青菜萝卜之类,一次过节大师傅做主买了一只甲鱼回来,他居然当天就把大师傅辞退。陈布雷对别人严格,对自己更严,比如他家负担重,生活非常拮据,连蒋公都看不下去,主动劝他弄个兼职,结果还是被陈布雷婉言谢绝。

俗话说,男怕入错行,女怕嫁错郎。在陈布雷的女儿陈琏的眼里,父亲一直是很矛盾的。他在生活中有时会冒出一句"为人捉刀是苦恼的",或者"我如嫁人的女子,难违夫命"之类的话。据他女儿回忆:有几次他写的文稿,被蒋介石删改得面目全非。写文章言不由衷,这是一个为文者最大的苦恼。

陈布雷一直难以忘怀自己在报社的生活,也对在宁波效实中学那段教书生涯非常留恋。他曾对家人说:"宋代的大臣老了,可以退休,到那青山绿水的地方去领一座寺院,颐养天年。我真想到南京鸡鸣寺或者到杭州虎跑寺去退隐。"

据说,陈布雷自杀前半月,一向深居简出的他,突然提出要女儿、女婿陪他去中山陵。据回忆,沿着长长的台阶一步一步向上走,陈布雷始终不发一言。他向孙中山石像凝视良久,缓缓垂下头,行了三个鞠躬礼,然后沿着长长的台阶一步一步走下去,仍然一言不发。其实他们不知道当时陈布雷已经决心离开人世。

人固有一死,或重于泰山或轻于鸿毛,也是各自阵营的标准,真正还是取决于你内心的选择。陈布雷生前是一个靠烟写文章、靠安眠药入睡的人,他最后遗书上的"油尽灯枯"这句话,也是自己实在撑不下去的真实写照。

记得那天清晨,我就像一位真正的公馆主人一样,起床在公馆区绕了一圈,感受那些在树丛中风格各异的民国

清晨院内的小路

建筑的大美——正是这些老房子的存在，让我们能有重新解读的机会，虽然这些公馆主人遭受人生动荡变故，却依旧以不变应万变，活得真实，活得有尊严。

在江苏路教堂门前，我看到一对白发老夫妇，从出租车上下来，彼此搀扶慢慢走上教堂台阶，这时候教堂的钟声响起，"当当当"在清晨的天空中回荡。

（本文摄影：颐和公馆）

颐和书馆
——坐在城市最深处沉醉

如果说,颐和路公馆区是南京的历史文化名片,而先锋书店就是南京的城市文化名片,就在今天,这两张名片居然可以重叠在一起,它就是坐落在颐和路公馆区的先锋书店颐和书馆。

颐和书馆很好找,这个被南京人称为"孤岛"的半圆形小楼,它可谓是江苏路大转盘上的标志性建筑。那天上午我背着相机来到这里,自己倒不急于走进书店,而是围着这座外形很独特的小楼转了一圈,这有点像欣赏一位漂亮的模特,你总要前前后后打量一番,才能真正领略她独特的气质。我发现这里地理位置特别优越,它处于山西路、江苏路、宁海路、颐和路、珞珈路交会的五岔路口,它简直就像是深入颐和路公馆区的一个观景台,让你领略南京深处最经典的"民国风景"。

如今颐和书馆门口墙上有两块牌子,上面注明它原是民国首都第六区区公所,日本侵占南京时这里曾作为侵华日军宪兵司令部。据说20世纪60年代,这里用作鼓楼区图书馆,后来还一度做过卫生院。今天,终于成了让人可以读书的颐和书馆。

走进颐和书馆,依旧是让我特别熟悉的先锋书店气息。我来到这个城市17

颐和书馆外景

年,有幸和先锋书店相逢,如今我书房的书几乎都是购于先锋书店的。虽然我在这个城市每天上班下班,忙碌得像个蚂蚁,但因为读点有益的书,交往一些有益的朋友,即使这个世界每天都可以看见"丑陋",但内心依旧会有温暖的灯光,我想这就是书的作用吧!

颐和书馆不大,但150平方的空间却给人曲径通幽的感觉。何也?原来它是由两个区域组成,半环形的连续书架将整体空间一分为二,里面是书店展示区,迎面可以看见一排世界籍作家的肖像,与满屋书架、文化创意产品特别匹配。而外围实际是一个半圆形长廊,顺势是半圆形的巨大书架,最值得激赏的是半圆形的长廊玻璃窗,因为你在这个阅读区域,完全可以享受古典园林"移步换景"的待遇。就像我那天上午分别换了不同的位置,就看到了窗外的不同画面,比如江苏路上的基督教堂,比如宁海路上的马歇尔公馆,比如颐和路上的原省作家协会等场景。

[颐和书馆——坐在城市最深处沉醉]

让人特别熟悉的先锋书店气息

可享受"移步换景"的阅读区域

颐和书馆由著名建筑师张雷担任设计顾问,张雷设计最大的特色就是尊重历史原貌来,比如他设计的永丰诗舍,就原汁原味地再现了"民国风"。先锋书店老总钱小华曾经考察了世界上许多经典书店,形成了属于他的独特审美眼光,据说那座巨大的环形书架就是他的"奇思妙想"。

书籍的选择上,颐和书馆设立了民国专题图书区,把介绍民国南京历史、文化、经济、旅游、民俗、建筑、风土人情等相关图书集中展示,并开设南京作家专柜,陈列本地作家作品的签名本。而书馆内定期举行的民国南京、南京民俗等专题图片展,也能让来此阅读参观的读者更直观地了解到南京的历史文化。

书馆内还陈列着先锋书店根据史料自主生产制作的系列文化创意产品,如民国风情套装明信片、相册、笔记本及民国人物徽章、书签、版画等,向读者和游客完完全全地展现出一个丰富的民国风貌。

那天我特意点了一杯咖啡,打开点单簿,发现"民国风"迎面扑来,饮品的名字居然是"白玫瑰与红玫瑰"、"金粉世家"、"背影"、"春风沉醉的夜晚",让人联想起民国老房子走出的人物——张爱玲、张恨水、胡兰成、朱自清、郁达夫……眼前就会浮现多重的风景。

如今这个世界上什么都可以用钱买到,唯一不能用钱买到的就是时间,就像人无法用钱挽回生命一样(我这样形容似乎有点伤感,打住呵),但可以说明白的是,在今天的社会里,一个人舍得花时间,哪怕假装有闲,也是一件非常奢侈的事情。

试想一下,买一本书,点一杯咖啡,坐在这个城市最深处的颐和书馆,可以看到窗外那些粉黄高墙洋房坡顶,粗壮的梧桐树枝枝蔓蔓,路上偶尔会有人骑着电动车经过,几片落叶就会惊起——这种极像文艺片的电影场景,会让你恍惚,会让你走神。其实读书不仅仅在于读,更在于养心,让内心的那棵树自由自在地生长。

不过,相比之下,我更喜欢人的风景,就像我即天在书馆里看到的场景:一家三口坐在咖啡座沙发上看书;两位美女在那里闲聊,面前的咖啡正冒着香气;在另一个角落,一位文静的女孩子正在安静地读书。我相信他们在阅读时,内心一定非常宁静,非常美好,心绪已经飞向千里之外。

[颐和书馆——坐在城市最深处沉醉]

读书是最美的姿态

先锋书店老总钱小华

109

在前些时候,我听说南京某家书店因为承租不起关了门,这让人许多读书人的心凉了半截。所幸今天能在这里看到这样的场景,真是令人欣慰,感谢书店的经营者。正是这个城市大大小小书店的存在,才能点燃这个城市爱书人的梦想。

如今南京新建了许多高楼大厦,现代归现代,但还构不成让人追忆逝水年华的感觉。其实要想真正领略老南京的味道和风情,还是应该来颐和路公馆区走一走,走累了,到这里来歇歇脚。

我很想在一个下雨天来这里,选一本喜欢的书,靠在窗前,静静地读,或发呆,或冥想,我更想在这里听到不远处江苏路教堂的钟声,在"当当当"的钟声里恍惚起来,沉醉在这个寂静的老时光里。

(本文摄影:先锋书店)

寻找江宁史量才故居

深秋的一个下午,我在江宁湖熟镇东阳社区尹主任的带领下,去了杨板桥村的史量才故居。

虽然是深秋,路边的芦苇和野菊花在阳光下依然绚丽多姿。出现在眼前的史量才故居就是一座老式的砖瓦房,要不是墙上的那块江宁县人民政府所挂的"史量才故居"牌子,还真让人难以将之与名人故居联系在一起。现在居住在里面的史量才的侄孙媳、今年72岁的陈芳美老人告诉我们,这里原是两层小木楼,后来拆掉了。走进屋子里,墙上贴有史量才的生平事迹及政界要人为史量才所题的字,角落里还放着两把清代的椅子,在院子里还有一棵很老的金桂树,虽然已过了花期,依然可以嗅到它的香气。

1880年,原《申报》总经理、著名报人史量才先生就出生在这个小村,在民国时期,《申报》可是妇孺皆知的一份报纸。记得当年我那位82岁的外婆平时都爱说:"拿张申报纸包包东西。"可见"申报"已成为报纸的代名词。尹主任告诉我,史家世代务农,唯有他的父亲出外在松江县泗泾镇经营药店,史量才随母留在家乡,8岁丧母后随伯父生活,9岁(有说十四五岁)才同父亲在泗泾居住。也许他人生的童年

坐落在江宁湖熟的史量才故居

是在家乡度过的,因而对故乡有特别深的感情,后来他在上海成了叱咤风云的报业巨子之后,还多次为家乡捐钱办学修路架桥。那天我们还去了史量才广场,瞻仰了史量才先生的雕像。

史量才属于半路出家、自学成才的报人,1899年应童子试考中秀才,1901年秋考入杭州蚕学馆,毕业后赴上海。1904年创办女子蚕桑学校,同时在育才学堂、南洋中学等处任教。1905年发起成立江苏教育总会。后来狄楚青在上海创办《时报》,史量才应邀担任编辑,1908年后任主笔。1912年史量才得到实业家张謇支持,出资12万元购得《申报》产权,自任总经理。3年后合伙人悉数退出,《申报》归其一人所有。1929年,陆续购进《新闻报》、《时事新报》的大部分股权,一跃成为上海报业巨擘。

《申报》是近代中国出版最久的报纸,在民国时期一直领全国报纸风气之先。何也?

一是捍卫言论自由。史量才明确宣告"无党无偏、言论自由、为民喉舌",坚持"国有国格、报有报格、人有人格"的方针,聘请著名进步人士黄炎培做申报设计部长,请李公朴主持申报流通图书馆和业余补习学校,约请鲁迅、巴金、茅盾为"自由谈"文艺作品撰稿人。

捍卫言论自由,并不是用嘴巴随便说说就可以捍卫的,而是靠吃"豹子胆"方能为。报人徐铸成在《报海旧闻》中披露:蒋介石对《申报》不大听话大为不满,让杜月笙随史老板来南京谈话。蒋沉下脸来直露底色："不要把我惹火,我手下有一百万兵。"史量才冷冷地回答："对不起,我手下也有一百万读者。"不为权力所吓倒,不为金钱所打动,是中国传统文化里可贵的"士"的精神。

二是靠礼贤下士,尊重人才。史量才接手《申报》后,对前任总主笔张蕴和(用现在的话是下台干部)关爱有加,不但留任重用,还雇人在他老家建了一座房屋相赠。张蕴和过六十岁生日时,史量才还邀请全报馆250多人在南京东路东亚酒楼举行宴庆,人非草木,岂能无情?

也许史量才本身是从底层一路打拼过来的,深知他想要的人才是什么样的,他选拔人才没有门户之见,学院派和野路子都可以,但必定要以德为先。所以史量才手下的主笔都是经历丰富、学识优秀的江南才子。他们当中有前清的秀才,善作策论和美文;有能写善画的多面手,不但擅写社论,顺便把插图也画了;有翻译能手,一手持路透社原文稿,一手持铁笔刻蜡纸,行文流利,从不打草稿;还有曾经与瞿秋白一起采访过列宁的太仓人俞颂华,年轻有为,才华横溢,无论在国共两党哪一方面,他都有资格做官,或成为社会名流,但一生无党无派,选择"以新闻事业为唯一终身职志",虽晚年贫病交加,生活凄惨,但对自己"无党无私、公正达观"的态度从未动摇过,恪尽了一位报人的职守。

三是走市场的路子。为了扩大报纸的发行量,史量才约请了一些鸳鸯蝴蝶派文人,为他主持副刊"自由谈",连载了不少才子佳人的小说。鸳鸯蝴蝶派是当时出现的一个文学流派,作者队伍先后多达两百余人,这些作家、写手所创作的作品题材广泛,包括才子佳人的恋爱小说,铁马金戈的武侠小说,扑朔迷离的侦探小说,揭秘猎奇的社会小说,都是他们的拿手好戏。其五大作家"张恨水、包天笑、周瘦鹃、李涵秋、严独鹤"的作品在报纸连载时,曾出现市民像买米一样排队买报纸的场面。但在文学史上,我们对鸳鸯蝴蝶派,却是以"革命文学"的名义对其全面否定,这是一种不科学、不公允的态度。

在史量才的苦心经营下,《申报》销路大增,他在报界的威望也不断提高。1927年,他又收购了《新闻报》的股权,成为上海报业大王。他凭借在报界的实力,向其他产业发展。1921年,他参加创办中南银行,还发起成立民生纱厂,帮助扩大五洲药房,协助复兴中华书局。他的实力日增,终于在哈同路(今铜仁路)购买了有花园假山的洋房。

前些年,我在静安寺采访,曾去过铜仁路257号,那里现已是一家机关单位,看上去是一幢优雅的花园住宅,住宅四周有一圈高高的院墙,据说院内的两棵槐树是史量才先生当年亲手种下的。

不过,写史量才似乎总是绕不开一位女子,这名女子叫沈秋水。有人说,当年史量才以12万元的巨款购得《申报》,离不开她的相助。沈秋水,原名沈慧芝,是上海四马路迎春坊花翠琴的养女。当时史量才认识她时,她才16岁。自古美女爱英雄,史当时仪表堂堂,才华出众,慧芝对他亦是仰慕已久。当时慧芝已与松江泗泾第一富户钱友石订有嫁娶之约,后来又杀出个程咬金,慧芝被名叫陶晋葆的镇江都督用武力抢走,没想到因为政要间矛盾激化,陶晋葆在去赴宴时,被陈其美(陈立夫、陈果夫的叔父)的警卫人员当场枪杀。

也许是冥冥中自有天意,史量才最终还是和沈秋水走到了一起。而且幸运的是,这段姻缘还使史量才"人财两得"——沈秋水嫁给史量才,就如传奇故事中的杜十娘一样,陪嫁过去一笔财产。传说她带来的钱财有80多万,首饰也值20多万,从此史量才财力陡增,宏图得以施展。据说,史量才靠这笔钱在短时间内开了两家钱庄、一家金铺、一家米行。不过他深谙"做人要低调",进出还是坐他的一辆黄包车。正是因为这段故事,"说《申报》必说史量才,说史量才必说秋水夫人"的说法在坊间不胫而走。

如今在杭州的北山路,可以看见一座秋水山庄的门坊,那是他们当年的爱巢。取名"秋水",意在纪念他俩那段失而复得、"望穿秋水"的爱情故事。据说史量才爱好广泛,沈秋水弹得一手好琴,两人经常切磋琴技、棋道、养花弄草,也算是阅尽人间春色了。

当时,史量才的事业已发展至巅峰。1932年,《申报》已成为国内最有影响的大报,日销量达15万份。1931年"九一八"事变后,他捐款支援十九路军抗战,呼吁

《申报》是近代中国出版最久的报纸

"停止训政,实行宪政",大力支持民主运动。史量才的言行引起了国民党当局的不安,他们先是极力拉拢,失败后又于1932年下达对《申报》的禁邮令,借以恐吓史量才。后来又从国民党中宣部派人指导《申报》的编辑和发行,遭到史量才的拒绝。

1934年11月13日傍晚,史量才在妻子沈秋水、儿子史咏赓的陪同下,从秋水山庄乘小轿车返回上海。就在沪杭公路上,他遭到了国民党军统特务赵理君、惯匪李阿大等凶手枪杀,遇难时年仅54岁。这一天,是中国新闻界的又一个黑色纪念日。

此前,1926年4月26日,《京报》社长邵飘萍在北京前门大街南端的天桥刑场遭北洋军阀杀戮,年仅40岁;同年8月6日,《社会日报》主笔林白水被军阀枪杀在天桥刑场,年仅52岁。

本来,他们都可以躲过被枪杀的噩运,只要笔下留点情,不要太顾及报纸的声誉,甚至只要"睁一只眼闭一只眼","送上来的红包该收就收",无论是《申报》,还是

《京报》《社会日报》,都会好好生活着,甚至可以尽享荣华富贵。谁知,他们偏偏要做捍卫正义与坚守良知的报人,偏偏不畏死,最后真的当了烈士。一个被杀了,还有两个、三个勇敢者站了出来,以死报死。如果说真理是上帝的化身,那么,他们把自己最宝贵的生命奉献给了上帝——这就是中国报人的骨气和勇气。

如今在杭州龙井路吉庆山麓,一代报人史量才就安葬在这里。深秋时节,也许墓地上已是落叶遍地,野花凋零。如今可能许多游人已不知道长眠在这里的人是谁,也许只有关注新闻史的人才会偶尔想起,但我们相信,这个"铁肩担道义"的报人背影,将永远留在人们的记忆里。

（本文摄影:赵蕾）

桂林石屋
——仿佛还是1937年的气息

  桂林石屋在灵谷寺后面最深处的山坡上，那天夕阳西下，我们站在那座被日本人轰炸后的废墟面前，发现眼前才是真正的、没有经过修饰的民国建筑，一砖一石，一草一木，仿佛还是1937年的南京气息。

  如今桂林石屋四周依旧长满桂花，是真正意义上的桂花树林，这也是"桂林石屋"名字的由来——跟桂林山水没有半点关系。桂林石屋的主人就是当年国民政府主席林森，虽然他是历史上任职最长、口碑最好的主席，但历史记忆里此人没有什么所谓的名气。

  那天下午我陪北京朋友一家去总统府，从墙上的照片上终于见到这位穿深色长衫，花白的长须，戴着圆圆的眼镜的和善长者。据相关史料记载，林森虽然是公务员，但本质上是个读书人、收藏家，虽人在政界，却洁身自好，深居简出，活在自己的世界里。正如胡适评点的，他最为成功就是把国民主席做成一个"虚职"，我想这也是人生的一种智慧，或是无奈的选择。

  据资料说，桂林石屋于1931年4月动工，由陵园工程师杨光煦设计，1933年6月竣工，当时耗资两万元，由广州市政府捐建。1937年秋，侵华日军疯狂向南京进攻，

桂林石屋在灵谷寺后面最深处的山坡上

在飞机轰炸过程中,日军飞行员在东郊上空看到这个与众不同的青灰色建筑,判定是国民政府高官住宅,即投弹轰炸,别墅顿时毁于火海,只存现在看到的半壁框架。

据那个牌子上介绍,桂林石屋分为两层,上层为客厅、餐厅、卧室、卫生间、客舍,下层为半地下室,建有厨房和仆人居室。那天朋友还顺着残破的楼梯爬上去,站在窗户前眺望西边的夕阳。整栋房屋都是用青条石和紫金石板砌成,尤其是廊栏上那些石雕,真是精美绝伦,有人考证这些可能是南京明故宫的遗物。

林森在政治上的成败,我们无权评说,也不感兴趣。但他对夫人郑氏的一往情深,却让当今许多男人汗颜。1890年,林森与郑氏结婚,夫妻非常恩爱,没想到三年后郑氏不幸病亡。很显然,林森把这段恩爱当成人生情感的全部,至死也没有续弦,

[桂林石屋——仿佛还是1937年的气息]

有人考证这些可能是南京明故宫的遗物

也没有孩子,更谈不上有什么桃色绯闻。

据说生活中的林森,无论走到哪里,手中总是提个手提箱,很是神秘,当时甚至有小报"造谣"说手提箱内是他夫人的遗骸,直到1943年8月1日他在重庆逝世,谣言才不攻自破——手提箱里是他夫人生前爱穿的一双绣花鞋。呜呼,一个男人,从青年到老年,一生只爱一个女人,用情如此专一,真是可以写进爱情历史了。林森逝世后在重庆林园下葬时,治丧委员会特别有心,把他夫人的那双绣花鞋放在棺材里陪伴他长眠。没有想到"文革"时期,林园和林墓惨遭浩劫,林森的尸体和棺椁全被焚毁,当然还包括那双绣花鞋。

世界上许多事情是不靠谱的,好人不一定有好报,捧着一颗心来,说不定带一身泥去。林森为官处世，不喜张扬，做事低调，奉行"不争权揽利、不作威作福、不结党营私"的"三不"原则，讲究"无为而治"。但由于这种不争不抢的风格，也使林森备受冷落。就像许多年雨打风吹去，林森的为人以及他的爱情故事，早就被人淡忘，庆幸有这座已成废墟的桂林石屋，才能让我们复活起这些记忆。

据老一辈人说，当年在灵谷寺附近的山道上，经常可以看见一位身穿棉袍、长髯飘拂的老人在散步，遇到砍柴的农人，就会停下来亲切地拉家常，嘘寒问暖，没人知道此人就是当年的国家元首林主席——在写这段文字时，连我自己都觉得这是在说故事，呵呵！

金陵刻经处
——新街口最清净的六亩二分地

当我们跨进那个叫金陵刻经处的院子时,就嗅到一股浓烈的桂花香味,这让我们很是奇怪,已经是11月的深秋,桂花早就吹落,而这里依旧桂花香如故。

"大隐隐于市",我想这是对金陵刻经处最好的概括。这个院子地处新街口最热闹的地方,相距中央商场只有几百米。我们走进那个小门,一下子就把门外的车水马龙,人声鼎沸挡在外面。这是个异常幽静的院子,米黄色的房子,满院都是绿色的植物,空气里似乎还有种焚香的气息。难怪有人称金陵刻经处是新街口最清净的六亩二分地。

那天下午,金陵刻经处的吕老师在他的办公室等我们,吕老师从事佛经研究许多年,也是一位知名的古琴家,那天我们坐在那间充满书香气息的办公室里,谈创办金陵刻经处的杨仁山,谈读书和古琴。交流之中可看见窗外的大片绿色,依稀还可听见院子里的阵阵鸟鸣。我很羡慕吕老师这样的生活,遵从自己内心的召唤,研究佛学,外出讲课,在家操琴。我突然发现吕老师的办公室与我当年老家的书房很相像,也是书桌靠窗,面朝南方,坐在那个充满地气的屋子里,一下子会有"洞中才数月,世上已千年"的感觉。

"大隐隐于市",这是对金陵刻经处最好的概括

　　金陵刻经处是个用古老雕版技术印刷佛经的地方,已有 50 年的历史。国内许多经典的经书都是在这里刻印的,它在亚洲各个信仰佛教的国家,也都有很高的声誉。

　　吕老师说,金陵刻经处是安徽人杨仁山先生创办的。当年他与戊戌变法的谭嗣同等人都是朋友,只不过他的目光比他们更深远,志在用佛经来给世人以终极关怀,而非一时的热血殉国。他这种深远的目光就是研究佛经的结果。

　　杨仁山,安徽石棣人,他的父亲与曾国藩是同年进士。据说 11 岁时他随父亲拜访曾国藩,曾见他应对快捷,有问必答,便对其父说:"此子天资聪明,可及早安排他去应试。"没想到杨仁山却说:"我何必在异族人手上去取功名。"这话让他的父亲大惊失色,但是曾国藩却从中看出"此子将来必有大用"。在当时大清王朝已经建立两百多年之后,杨仁山竟有如此傲骨,让人钦佩。如今像这样有傲骨的人,更是凤毛麟角。

中国的佛教从宋代开始衰落,到了太平天国被一帮无知的人折腾,更是到了奄奄一息的地步。其最显著的表现,一是文物典籍惨遭破坏,二是佛门弟子素质低下。以振兴佛法为己任,正是杨仁山创办金陵刻经处的初衷。

吕老师说,当初杨仁山就是在一家书摊上看到了那本《楞严经》,爱不释手,一口气站在书摊前把它读完时,天已经全部黑了。也许正是这本佛经与他的生命密码发生了交集,让他从此走上了终身研究与传播佛学的道路。当然,杨仁山可不是钻在故纸堆里的读书人,他曾两次随清朝大员出访和考察英国等地,用现在的话来说,是个有中国灵魂、世界胸怀的中国人。

不过,坊间也有人传说,杨仁山创办金陵刻经处与他的感情经历有关。杨仁山本人相貌堂堂,聪明能干,可是娶的妻子却是一脸麻子,悍若河东狮吼。有时传统文

用古老雕版技术印刷佛经,已有148年的历史

化也会让人迂腐，比如他年轻时就认为，如果在容貌上过于计较，那就不是娶妻，而是玩弄女性。后来他在杭州遇上一个名叫巧姐的红颜知己，才明白真正的爱情是什么感觉。按照当时民俗，他本来是可以娶她为"并妻"的，只因夫人生了儿子，母亲又出面干涉，才使这对有情人未成眷属。

世界上有许多坏事可以变成好事，也许正是爱情的终身遗憾，才让他积蓄能量把刻印经书、整理佛典作为终身的追求。

1865年，金陵刻经处最初的创办地点在南京北极阁，后来杨仁山干脆就把自己的住宅捐赠出来，作为储藏经版和流通经典的地方。1911年，杨仁山临终时立下遗嘱，将这幢大宅院捐献出去，作为永久刻经之所。如此大的家业竟不许后人承继，这种不近人情的做法，很难让人理解，然而他的三个儿子竟毫无怨言地接受了父亲的嘱托。

那天，吕老师拿了钥匙，领着我们去了经版楼参观。经版楼里珍藏着佛像版18种，各类经版13万片，以及杨仁山先生收集整理的各种佛教典籍，可见这里实在是我国佛教文化的一大宝库。此外，杨仁山还是一位教育家，以新式教育培养出释太虚、欧阳竟无、桂伯华、李证刚、蒯若木、梅光羲、黎端甫等一大批佛学人才。此外，蔡元培、沈曾植、陈三立、郑孝胥以及梁漱溟和熊十力等人也或直接或间接地受到他的影响。难怪他被哈佛大学一位学者誉为"中国佛教复兴之父"。

后来，吕老师还领着我们去了后面刻经处的车间。那些制雕版的师傅、操作印制的女工，都是经常被媒体曝光的"名人"。据说这些印刷师傅多是年纪轻轻就来做学徒，然后在这里做到老，没人要离开。可能是长年从事刻印经书的工作，那些雕版师傅、正在操作的女工都是一张张善良的脸。有两位数纸的大嫂为了让我拍好照片，还重新戴起护袖和手套，配合我拍照。记得我当时还拍了靠窗前的水杯、保温瓶，以及窗台上的花草，那部吊在柱子上的小手机放的是韩红的《天路》，不知为什么，当时我看到这个场景，既熟悉又忧伤，人也被带进那遥远的记忆里。

我曾在一本杂志上看到一篇文章，描写过这里的工人师傅，虽然身居新街口，却很少出去逛街，他们闲暇休息时就听听收音机，或者用馒头喂喂水池里的金鱼。他

这些制雕版的师傅，都是经常被媒体曝光的"名人"

们有属于他们自己的生活方式和节奏，那就是内心那份"以不变应万变"的宁静。

最后，吕老师还领着我们去了最后的院子。当那个门"吱嘎"一声打开时，仿佛是穿越远古的回声。我当时对吕老师说，这个"吱嘎"声对我太有杀伤力了。它会一下子触动过往生命中的密码，让你明白什么才是你真正想要的东西。

在那个幽静的院子里，有一座高高的墓塔，旁边长满植物花草，杨仁山先生就葬在那里。这座塔很像布达拉宫里的喇嘛墓塔，也像扬州瘦西湖的白塔，只是颜色不是白的。从这点来说，杨仁山是个成功人士，生前做自己喜欢做的事，而且是件功德无量的事；死后能有一座墓塔，而且是葬在新街口的中心地带。

那天黄昏，我们在那个散发着桂花香味的院子里流连忘返，不过，我倒没有找到那个工人们喂鱼的金鱼池，却看到了那两棵百年沧桑的老树：一棵是石榴树，另一棵也是石榴树。

后院有一座高高的墓塔,杨仁山先生就葬在这里

南京云锦
——复活雍容华贵之美

一个盛夏的下午,我顶着明晃晃的阳光,来到坐落在茶亭东街的南京云锦研究所。这是两座红墙碧瓦的房子,它与一路之隔的侵华日军南京大屠杀遇难同胞纪念馆的现代建筑形成强烈反差。不过,历史上的江宁织造府遗址是在中山东路的大行宫,当年清朝康熙皇帝六次下江南,有五次就住在江宁织造府内。可见《红楼梦》作者曹雪芹的祖上任清代江宁织造官时是多么牛。

经过那个刻着"江宁织造"的极有气势的牌坊,走进这个宫殿般的房子时,感到特别的阴凉,人一下子就

坐落在茶亭东街的南京云锦研究所

安静了下来。一楼大厅里陈列的是各种云锦产品,而二楼就是云锦博物馆,在这里可以看见南京云锦的历史演变,时间跨度从战国到明清至现代。既有宫廷的,也有民间的;既有匹料,又有衣冠等实物。

在中国传统戏剧的舞台上,凡有帝王将相、王妃公主出场,他们身上光彩夺目的服饰,总会让人们的眼睛为之一亮,它们有力地烘托了人物,渲染了剧情气氛。这些雍容华贵的戏剧服饰,是以明清帝王后妃和高官贵妇及千金们的服饰为蓝本,经过艺术加工制成的。而这些古代帝王们的服饰,其中许多就是用南京云锦缝制而成的。所以在"南京云锦"的制成品上也就打上了深深的"阶级烙印"。

南京云锦已有1 500多年的手工织造史

南京云锦已有1 500多年的手工织造史,它集历代织锦工艺艺术之大成,因其绚丽多姿,美如天上云霞而得名云锦。难怪这个以织金夹银为主要特征的织锦,元、明、清三朝都被指定为皇室御用贡品。不过,云锦最辉煌的年代是清朝康熙、雍正年间。当时南京秦淮河一带机户云集,机杼声彻夜不绝,云锦产量空前,坊间竟拥有3万多台织机,近30万人以此和相关产业为生。如今还能从南京一些老地名上,寻觅到当年的影子,比如"颜料坊"、"红花地"、"踹布坊"、"晒布厂"等。

在博物馆的最里面，我们可以现场看见有十几台的云锦织机在生产。不过当我在敲下"生产"两个字后发现并不恰当，而是应该用"创作"才能表达我对这些艺术工人的敬重。我看见一位白皙女子坐在一架足有两人多高的织机上方，而一位男子则坐在织机下方的前端，他的眼前放着一幅国画小样，他们一上一下，随着"咔嚓咔嚓"的节奏声，紧张而有序地忙碌着。一刻工夫，便见一小段与国画小样看上去相似的非常逼真的华美云锦就顺着那位男子的双手一点一点地往下延长。

据那个讲解员小林姑娘介绍，这些工人大都是祖辈相传下来的手艺人。一台织机必须有一上一下两名织手配合工作。由于这是个创造性的劳动，两人搭档有点像小提琴和大提琴的二重奏，上面的叫"拽花"，下面的叫"织造"，要求两人配合要心领神会，所以这里的搭档一般是夫妻或者是兄妹居多。不知为什么，当时我听了这个细节特别感动，让我想起前不久看过的一幅《父子拉犁图》，那种劳作中亲情之间的配合，很是打动人。可能是长年不晒太阳的缘故，那些女子的肤色似乎很白，脸上都显得特别宁静。

在大厅里我见到了云锦研究所的张玉英女士。这个分管业务的常务副所长，当年连战夫妇来南京，就是她带领几位工艺师深夜去金陵饭店，替连战夫人连方瑀女士定制了一件宝蓝色织有四季牡丹图案的云锦旗袍。后来连夫人穿上这件旗袍出席各种场合，显得雍容华贵，端庄贤淑，光彩照人，可谓是为南京云锦打了最好的广告，也让世界重新认识了古老云锦的魅力。

张玉英很忙，采访中不停地有电话打进来。她介绍了该所的前身是1954年成立的"云锦研究工作组"，当时由我国大名鼎鼎的工艺美术专家陈之佛教授担任组长，至今已逾60年的历史。就在她临去开会前，叮嘱我一定要采访织造工艺师周双喜先生，他是南京云锦工艺的传承人，见证了南京云锦研究所几十年的风风雨雨。说实话，在我们这个充满酱缸文化的国度，我很少见过领导这样夸部下同事的。再转念一想，重视人才就是出于对南京云锦深沉的爱啊！

在六楼的一间办公室，我见到了那位传说中的周双喜先生。今年55岁的周双喜是位相貌堂堂的汉子，很难想象那双给我倒水的手，竟是织了三十几年"云锦的巧手"。其实刚开始谈他个人时他还有点犹豫，可能我们都是人到中年的缘故，当他追忆逝水年华时，话匣子一下子就打开了。

1983年，刚刚经过"文革"的十年动乱不久，百废待兴，上级决定重新恢复古老云锦工艺的生产。当时矿校毕业在家待业的周双喜"歪打正着"被分配到云锦研究所。在那个年代能分进"研究所"是件非常体面的事，似乎就成了知识分子，甚至连找对象都具有优势。没想到上班的第一天，一同招进来的五个小伙子才明白：原来是和几个六七十岁的老头学织云锦。男人学织锦似乎是件不可思议的事情，其实眼前这几位貌不惊人的老头都是祖辈相传的织云锦高手，但云锦的技艺早已为那个年代所不齿，加上他们本身一个大字不识，这些老艺人只好在一家绒花厂为女工当下手，为了维持生计，有人下班后还摆摊卖茶叶蛋。

据周双喜回忆，当时两台废弃的云锦织机是在绒庄街一间破仓库找到的，说来也很悲凉，被申报为非物质文化遗产的南京云锦，当年正是靠这两台破旧云锦织机、几个老艺人、五位小伙子完成了抢救文化的"火炬接力"。

云锦是一门非常古老的技艺，世代相传都是"传男不传女"（所以当年招的是五位小伙），当年女人别说上织机，就是进机房也是绝对不允许的。（不过现在时代不同了，男女都一样）

这几位老艺人虽不识字，但带徒还是"有板有眼"的。比如"尊师"：学徒清晨起床要打扫洗刷，替师傅泡茶、蒸饭、倒痰盂；比如学艺要强调基本功：用一根铁丝苦练织艺，稍微不认真就会被师傅"敲脑门"；比如教授技术都是传授口诀，没有任何文字资料，师傅并不给你讲，而是注意开发你的悟性。

我手上有一本《南京云锦》，对云锦的归纳很到位："云锦汇集了丝质（材料、组织）肌理美、色彩和谐美、纹样情愫美的装饰美化特征，以'质与纹'、'巧与艺'、'意与象'三者结合的内容与形式，达到科技与文艺两者完善统一的形态美感。由于云锦的手工操作完全是创造性的劳动，这也是云锦为什么不能被机器所代替的根本原因。"

周双喜的师傅叫顾惠源，当年收他为徒的时候已经70多岁了。周双喜回忆顾

[南京云锦——复活雍容华贵之美]

师傅每次构思新作品时,总爱独坐在一个角落,手捧搪瓷茶缸,眯着眼睛抽烟,一根接一根,突然间喊了一声:"有了!"然后会带着"灵感"上机忙碌个不停。

如今三十多年过去了,这几位老艺人已经全部作古,作为一名文化记者,我要特别对当年这个抢救文化的举措表达一下我们的敬意。在这里我要记下这几位已经长眠地下的民间艺人的名字,他们是:顾惠源、陈必发、黄瑞卿、王正品、王长金、戴国宁、苏昌盛等。

"干这行不但辛苦,而且还得两个人配合好。特别是在两米高空,坐在不到一巴掌宽的座上,一坐就是七八个小时。如果有一个人身体不舒服,另一个也不能完成工作。"周双喜引用了他们业内的话,叫"一个肚子疼,两个完不成"。他还顺口说了几句顺口溜来形容这项工作的苦和累,"冬天不能生火,夏天不能乘凉"。所以,他们冬天冻得手脚长冻疮,夏天只能赤着上身或者头上顶块湿毛巾干活。由于久坐工作,很多人的屁股上都生了坐板疮。当年同期拜师的有五个人,最后只剩下两个人了。

除此以外,也会有一些不成文的行规,比如心情不好不上机,睡眠不好不上机,颜色配不好不上机等,一定要等你内心没有一点杂质,才能完成好"创作"任务。

记得有一年,周双喜因长年过度劳累,支气管破裂大出血,被送到医院抢救,后来车间里的工人们纷纷去献血,把

再现古人制造云锦的场景

他从死亡线上救了回来。"人要懂得感恩和报恩。"也许这就是周双喜三十几年来的工作动力。包括后来有人用年薪20万挖他,他都不为所动,甘于寂寞和清贫来做这件事。

20世纪70年代,云锦研究所先后为湖南长沙马王堆汉墓复制"素纱襌衣"、为北京十三陵定陵复制明万历皇帝"织金孔雀羽妆花纱龙袍"。"丝织品最难保存。为了保证复制品的真实,我们经常下到地宫里去看。有的丝织品金线还发亮,但丝都变成灰,肉眼看不见了。我们要分析这些丝织品的纹路组织、颜色、织色、纹样、尺寸,然后进行复制,工作难度可想而知。"周双喜说。

"南京云锦使用的是'通经断纬'的技术,挖花盘织、妆金敷彩,织出逐花异色的效果。"就像我在展览馆看见的,角度不同,花色是不同的,尤其是那片龙袍在光线下竟有行云流水的感觉,难怪被专家称作是"中华一绝"。由于云锦被用于皇室,所以

元、明、清三朝都指定云锦为皇室御用贡品

云锦的用料考究,可谓是不惜工本,所用材料多为金线银丝、真丝、绢丝、各类鸟禽羽毛等。

当年,周双喜在复制明代皇帝龙袍时,为了保持最旺盛的精力,每天早上5点就上机,每天在织机上的时间都超过10小时。周双喜29岁才结婚,妻子当年是新街口某店的一名理发员,夫妻俩都是手艺人,悠悠岁月见证了他们女儿的成长,也见证了南京云锦研究所的一路成长。许多复制品几乎都与周双喜有关,有时候他上织机,有时候他动手画图,有时候充当技术指导……长年以来他的身份是"织造工艺师","生产部主任",后来又被评为"中国织锦工艺大师"和"江苏工艺美术名人"。如今令周双喜欣慰的是,该所生产的云锦,除出口做高档服装面料及供少数民族服饰、演出服饰外,又发展了云锦台毯、靠垫、被面、提包、马夹、领带、挂屏等日用工艺品,当年的皇家贡品已走进寻常百姓家。2001年,南京云锦已入选第一批国家级非物质文化遗产,并已向联合国申报人类口头及非物质文化遗产。

那天采访结束后,周双喜还特意带我去车间看他们特意保留的四台"坑机"(因古代没有空调,全靠坑里来调节温度和湿度,而现在几乎所有的织机都是四条腿的"旱机")。那天操作那台古老"坑机"的是姓王的兄妹俩,年龄已有四十多岁,旁边还站着两个职业学校毕业的实习生。这时又来了一位很精神的小伙子,经周双喜介绍,是他的徒弟蔡向阳,本科毕业,现为精品织造车间主任。周双喜说他还带过一个徒弟,是一名来自韩国的女研究生。不过她临走时有一段话,很让周双喜心惊,她说:"传统的东西韩国不如中国,但我们仿制的东西可以超过你们。"最后她还认真地说:"如果你们不保护的话,多少年之后,你们的后代就得跟我们学。"

但愿所有的中国人都会记住这句忠告。

(本文摄影:曲珊)

净觉寺
——野芦苇也有秋天

那年秋天，我和一位摄友在城南三山街一带乱转，忽然天空下起了小雨，就在我们踌躇不前时，转眼就看到三山街上的清真寺——净觉寺。生活中有许多这样不期而遇的邂逅，我只能归结于缘分啊！

南京据说有8万多穆斯林，12座清真寺。除了净觉寺，还有太平南路的清真寺、中山北路的吉兆营清真寺、甘雨巷的草桥清真寺等。南京回民人数最多的聚居区是七家湾和评事街一带，可惜我们却是孤陋寡闻，只知道"七家湾牛肉锅贴"很好吃。

许多年前我来南京旅游，记得鼓楼广场旁边有个马祥兴菜馆，我还在里面吃过面，如今这家百年老店已搬到湖南路附近，生意依旧红火。印象中还有太平南路上的绿柳居、王府大街上的安乐园等都是清真饭店。南京最有名气的"南京板鸭"，就是回民做出来的。

我的老家在高邮，记得上小学时班上也有回民同学。高邮北门还有个伊斯兰菜馆，这家用素油炸的油条很好吃，每天早上买油条要排队。高邮还有个菱塘回民乡，与高邮城有一湖之隔，也是全省唯一的回族乡。当年我去过那里的清真寺，并和那位姓薛的阿訇进行了长谈，后来还写了"豆腐干"发在当年的《扬州日报》副刊上，

[净觉寺——野芦苇也有秋天]

南京据说有八万多穆斯林,历史上有十二座清真寺

好像稿费拿了30元。

那天,我们走进净觉寺,迎面就是一座砖雕牌坊门楼,砖雕非常精致,上面有"敕建"二字,建于明洪武二十五年(1392年)。也有人说,净觉寺当年能享受这样的礼遇,跟许多回民将领辅助朱元璋打下大明江山有关,比如我们知道的常遇春、胡大海等人,就是立下显赫战功的回民将领。民间甚至传闻:"大明江山,半出回民之力。"

进了净觉寺,很快就骤雨初歇,整个院落湿漉漉的,显得特别安静,偶尔穿过两三位长者和妇女,也是很友善地朝我们望望。净觉寺现有大殿、二殿、明人砖雕牌坊、望月楼、南北讲堂、碑亭、水房等建筑,给人感觉非常清洁,走到哪里都很舒服。礼拜大殿在最后面,上面挂有"正心诚意"的牌匾,让人肃然起敬。

据说净觉寺的方位与一般建筑不同,大殿坐西朝东,临街之门从南入。礼拜殿都是坐西朝东,所以当人们进入大殿做祈祷时,都是朝着"麦加"的方向。

那天,我们就在里面静静地拍照。院子里有假山、鱼池、井栏、花草,还有茂盛的芭蕉树,有点像鲁迅笔下的百草园,那些红门窗格又有点像《西厢记》里的场景。

净觉寺院内是个非常清静的地方

不过,最让我们钟爱的是那种宁静的气息,虽然远处有市井声隐隐约约地传过来,却更有"鸟鸣山更幽"的效果。最记得那个叫蝴蝶厅的侧房里,有个长者在午休,四周寂静无声,真有时光停滞的感觉——原来生活可以如此清静!

在院子里我们遇到一位来做祈祷的大妈。当得知我们想了解穆斯林文化时,她热心地邀请我们上楼,经过攀谈才知道这位姓樊的大妈已经80岁了,但看上去就像60多岁的样子。可能是平时锻炼的缘故,手脚非常利索,除了每天来做祈祷,平时也会身体力行地做些善事。她告诉我们,平时她在街上骑个小三轮车,看见路上有人提重东西,就吩咐放在她车上,帮人家载一程。她告诉我们,只有善良诚信,才是踏实的人生。这位大妈也许文化并不高,但那天在阳台上的一番交谈,却让我们有如沐春风的感觉。

许多年前,我就看了回族作家张承志写的有关回民文化的散文,几年前,我与一帮朋友去宁夏,去了好几个清真寺,在那里不仅感受到了伊斯兰文化,也听到了"花儿"的民歌,因此对回族有一种特别的亲近。

据说民国初年,南京回族人口只有三四万人,他们多数从事菜馆、炒货、茶食、牛羊业,只有少数绅商从事面粉、轮船、钱庄行业,也就是说,在这个城市里,他们绝大多数是平民。但野芦苇也有秋天,平民也有宗教的信仰。我想,这个世界不是比钱多、比势力大,而是比活得有尊严、有操守、有诚信,真正活得像个人样。而眼前这位樊大妈就是"三有"的典型范本。

前天,我与单位司机小宋师傅去江宁湖熟镇采访史量才故居,在回来的途中,路过南京回民公墓,我们特意开车去看了一下。当我们站在高坡上时,只见漫山遍野全是墓地,非常震撼。回民族一直是土葬的习俗,世世代代都是如此,可见对文化的坚守需要人心的力量。那天,我也拿着相机按了几张全景,画面上不知名的野花开满了山冈,野生的芦苇在秋日的阳光下,有一种壮丽的美。

牛首山
——秋日的私语

我来南京已定居17年,牛首山居然一次都没爬过。印象中那年在高欢老师的马场,与几位朋友骑马上山,虽然浪漫的时间不长,但在血色黄昏里,骑马在山坡树丛中穿行的感觉非常好。人在岁月里也许会淡忘许多东西,但这个经典细节却会永远留在记忆里。

南京一直有"春牛首、秋栖霞"的说法,其实只要回到大自然的怀抱,一年四季都会给你美的享受。就像那天朱老师开车带我们沿着山上的公路行驶,牛首山满眼都是动人的秋色。人只有真正在山上,你才知道什么叫"秋高气爽",什么叫"心旷神怡"。同行的新朋友王

秋日的牛首山

涛,不愧是考古出身,一路上与我谈起牛首山的地貌特征,说他有一年与老处长考察牛首山时,因为要方便,偶然发现一个很美的宁静小湖,令人费解的是,后来他们又来牛首山考察许多次,可是再也没有找到那个小湖。说者无心,听者有意,那个宁静小湖的故事像谜一样吸引着我,我当时就想,等我将来退休,说不定我会自带干粮来找那个像梦一样的小湖。因为在这个世界上,没有什么比梦对你更有吸引力了。

在预定的集中地点,由于传达指示有误差,其他朋友的车队还没有到,朱老师在车上很着急,不停地打电话。终于来了第一辆车,从车上"款款"走下两位穿着汉服长裙的女子,"杨柳依依"地向你走来,让我们一下子将"着急"的心情一扫而空,可见"汉服之美"真能就这样把你征服,让你一点办法都没有。

紧接着其他朋友全都来了,其中青年古琴家葛勇带的几个帅哥,身穿汉服更是有一种"月朗风清"的感觉。后来我与葛勇交流,才知道他刚刚与常熟古琴家朱晞老师合作出了碟片,而我与朱晞老师也是非常要好的朋友,彼此之间感情一下子就拉近了。那天参加派对的朋友,有研究文博的,有搞汉服设计的,有弹古琴的,有喜欢茶艺的,就连那个1993年出生的小姑娘也是学古籍修复专业的。物以类聚,人以群分,为了一个共同的目标走到一起来了。

那天上午,一群穿汉服的人在山道上行走,很是雷人,许多路人自作聪明说是拍电视剧的,我们都笑而不答。

在半山腰的牛首山禅房的一片树荫下,大家七手八脚安营扎寨,搬来桌子,菊花茶、茶壶、汉服一个都不能少。禅茶经院的朱老师还亲自拿把鹅毛扇子生火,用小泥炉煮茶,大家笑他是"煽风点火",其实这个"调侃"并没有错,事实上他正是这次雅集活动的策划者。

感谢汉服设计师宁武子夫妇,帮我挑了一件唐宋时代演变的"汉服",让我穿了起来。说来也奇怪,人一旦穿上宽大的汉服,立马就端庄了,走路也从容不迫了,人也不咳嗽了——可见汉服对人的气质真是有影响的。

上午11点,古琴和茶艺的雅集活动就在树荫下举行,我很喜欢秋天阳光下斑驳的树影,让人有点恍惚如梦的感觉。葛勇先是操了一首古曲,琴声在秋风里显得那

茶艺

操琴

样真切,周围寂静无声。后来他又与另一位朋友合作,他吹箫,另一位操琴,声音如同天籁。我是对箫声特别敏感的人,在少年时代,我曾经在月光下的小镇听一位南京的下放干部在深夜里吹箫,那种如泣如诉、月光似水的透心凉意,让人想到阮籍的那首诗:"夜中不能寐,起坐弹鸣琴……"

其实在我们内心深处,应该有特别柔软的东西,它可能就像一把标尺,让我们生存在这个善恶并存的世界里,有一条属于自己的"文化德性"底线。我相信许多与我气息相近的朋友当中,骨子里都想回到古代(这完全是精神层面上的),我相信做一个"现代的古人"绝不是矫情,而是自己内心的需要。

我已经到了知天命的年龄,回首我的青年时代,在相当长的时间里,我几乎就是上班下班,业余时间还想着开店赚钱,人一直是喧闹的状态。大自然里的树木、花草、飞鸟、云彩跟我一点关系都没有,现在想想真是一件非常可怕的事情。庆幸的是,我有个"大自然的童年"做底子,再加上后来读了一点书,有些文化和艺术的熏染,才把我从功利主义的泥坑拉回自然主义的田园。

这两天,我的枕边书是一本叫《荷兰牧歌》的散文书,作者丘彦明是一位台湾女作家,书中记叙了她和先生在荷兰乡下买了一座老房子,过上了真正的田园风光的生活。书中对我最有杀伤力的就是荷兰人家家户户的窗户都大得不像话,不但窗台上种满怒放的花花草草,而且从窗户里还可看见四季不同的风景。书中

禅房花木深

序言有句话很是打动人心：这对爱花的夫妇，连选个国家都要有荷有兰。

将来如果有机会，我很想去荷兰旅游，其实要求也不高，就是骑一辆自行车逛逛荷兰的乡下，体验一下高更笔下的田园风光。倘若有来生，我愿意生在有花有草的国度，没有丑恶，没有欺骗，人人相亲相爱，人与动物、植物和谐相处。"自然美景和人情之美"，是我向往的人生完美境界。

那天中午，大部队在朱老师的带领下去一家农家饭店吃饭。记得吃的是菜油做的饭菜，喝的是一位叫"金陵茶痴"的朋友带来的米酒。两杯酒下肚，我就在桌上提议："要紧紧地团结在朱老师的周围，天天过上神仙般的日子。"最记得那天中午我们几个人是坐在包厢里喝酒，其他穿着汉服的网友就在客厅里打牌，墙上挂的是"梅兰竹菊"四条幅。在觥筹交错中，有三两位穿汉服的女子在客厅里"飘来飘去"——这个分明就是唐代画家周舫笔下的古代的场景啊！

饭后，我们还去了山上郑和的墓地。在一片绿色的草地上，眼前是一片小湖，湖上不远处是一大片秋荷，天空飘动着浮云。这个场景真是像陶渊明先生的诗句："此中有真意，欲辩已忘言。"

记得当时有一只不知是谁家的黄狗，一直跟着我们跑来跑去。当我们在欣赏湖面的风景时，它就像个哲学家蹲在那里；当我们离开时，它撒开腿沿着绿草地向小树林奔去，忽然消失在我们的视野里……

莫愁路教堂
——温暖从未走远

那年平安夜下午,我去先锋书店参加活动,从珠江路地铁站出来时,有个小伙子站在街上问我:先锋书店怎么走?我当时就笑了,说:跟我走吧!于是我们就一路走,一路聊。小伙子说他大学毕业不久,现在江宁上班,早就听人说过先锋书店,从来没有去过。我很好奇地问他:大街上那么多人,怎么唯独问我呢?这个1米80个头的小伙子说:你一看就像文化人!

呵呵,谢谢!"像文化人"这句话,是我那年圣诞节收到的最好礼物。

那天中午,我还发了一条微博,意思是:"今天平安夜去教堂的人很多,我就去文化教堂先锋书店吧!"在我的心中,先锋书店就是教堂,净化心灵,拯救灵魂。其实,我的朋友、先锋书店老总钱小华就是一位虔诚的基督徒,每周都会去莫愁路教堂做礼拜。这么多年来,我喜爱先锋书店,喜欢买书读书,喜欢交优秀的朋友,就是想让自己这张脸干净一些。虽然我不是基督徒,但并不影响我有宗教的情怀。

回头想想也是,这些年我去过一些城市,如时间允许,定会选择去大学、书店和教堂。

有一年去美国,我们那个团的行程就是考察十几所美国的知名大学(当然见到书店肯定会进去)。不过,我与其他团员相比,更是多了一个爱好,那就是去教堂。见到教堂不管大小都要进去,好在上帝之门是对每个人打开的。记得那次在纽约,我为了去圣约翰大教堂,独自离开大部队去看了那个世界第三大教堂,没想到回来找他们时却迷了路,虽然受了一点小惊吓,但我却是无怨无悔。

我喜欢教堂,人只要走进去,哪怕再喧嚣的心一下子就宁静了。我喜欢教堂里的建筑和雕塑艺术,我喜欢阳光透过彩色玻璃映照下的神秘气息,我喜欢那些在管风琴伴奏下唱诗班的圣洁歌声。我特别喜欢听那首天使之翼合唱团演唱的《Salva Me 拯救我》,每次听到纯真无瑕的童声,人仿佛就有种被阳光沐浴的感觉,我尤其喜欢那个主唱"救救我吧"的小男孩,他那忧郁的眼神让人怜爱,他那纯真的嗓音,让你有种被牵引上升飞翔的感觉。

我对教堂的喜爱,源于许多年前。一个冬夜里,我在农村听一位南京知青向我

莫愁路教堂夜景

[莫愁路教堂——温暖从未走远]

整个建筑的平面呈十字架形,砖木结构,穹隆顶,很有气势

描绘南京的教堂,这令我无比的向往。因为这种在文学作品里频频出现的教堂,我从来没有见过。后来王干老师从南京给我带来过一本黑色封面的《圣经》,一直放在我老家的书架上。

对我来说,教堂从未走远。

记得那年我来南京旅游,第一次带我妈妈去了莫愁路教堂。说真的,当我走进去时,气都不敢出,只能被那种神圣的宗教气氛深深震撼。那几年,我一直在广东漂泊,经常想赚钱发财,灵魂更是无所依附。看见那些虔诚的教徒在教堂里做祈祷时,我有点眼热,我想哪天等我结束漂泊,我一定要像他们那样定期去教堂——这样的人生才是完整的人生!

对了,那年平安夜,我还是在朋友的带领下,去了莫愁路教堂。莫愁路是我喜欢的一条路,不仅是因为名字,更是因为它有一种清冷的气息,以及满街的梧桐树伸向冬日的天空,很有老南京的味道。

莫愁路教堂是南京最早的教堂

    莫愁路教堂是南京最早的教堂。之所以说它早,是因为它的前身是基督教汉中堂,是1884年由美国基督教北美长老会创建的,同时还创办了明德女子书院(即今天莫愁路上的南京女子中专学校、南京幼儿高等师范学校)。1934年底,因修建莫愁路,汉中堂被拆除,于是教会选择在莫愁路街对面建造现在的基督教莫愁路堂。教堂当时是由陈明记营造厂的老板陈裕华设计,牧师孙希圣主持建造。1936年5月19日举行破土动工典礼,因抗战爆发,延至1942年才建成,因而教堂给人的感觉很新。

    莫愁路教堂是一座典型的英式建筑,它的设计和构造在局部很是精细,尤其是高耸的钟塔入口及侧窗的尖顶很是醒目。整个建筑的平面呈十字架形,砖木结构,穹隆顶,很有气势。

    那天晚上,我们来到莫愁路教堂门前,铁栏栅外面已经围满了人,尤其是"耶稣爱你"那四个大字,充满了平安夜的节日气氛。

教堂入口处为门廊，不是很大。门廊中间和两边均可通往礼拜堂，走进去我们找到位置坐下，发现礼拜堂为穹隆顶，内部结构颇为奇特，大厅内有根人字形柱，木结构屋架由两侧向中央逐级出挑，并逐级升高。据说这种结构方式称为"锤式屋架"，是英国16世纪都铎王朝的产物，因此又称为"都铎风格"。

冯玉祥将军题写的石碑

不过，莫愁路教堂能一路走到今天，不得不提两个人，一个是曾长期担任金陵大学校长的陈裕光，还有一个是冯玉祥将军。历史上的金陵大学作为教会学校，一直由外国人担任校长。1927年，经学校同仁竭力争取，才德突出的陈裕光成为第一位华人校长。据说蒋介石和汪精卫两任国民政府都聘请他出任"教育部部长"，他未予理睬，认为搞教育的就是要守本分，把教育做好。陈裕光不但对莫愁路教堂一直起到保护作用，当年的汉中堂就是他的弟弟陈裕华长老设计的。冯玉祥将军则是一位虔诚的基督徒，当年一直在莫愁路教堂做礼拜，如今教堂西南侧墙角处，还镶嵌有冯将军于1936年为教堂落成而题写的正方形花岗岩楷体竖书石碑。

1937年12月13日，侵华日军制造了南京大屠杀惨案，汉中堂办有难民收容所，掩护了不少难民免受日军杀害，我们可以从那部电影《南京，南京》中找到当年的影子。"文化大革命"期间，莫愁路教堂被南京市红卫印刷厂占用，不过我们很庆幸教堂改为"红卫"印刷厂，使得教堂的房子被保护了下来。1981年，南京市人民政府将莫愁路教堂归还给宗教部门，并按原样加以整修，恢复了宗教活动。

教堂举办的圣诞晚会

  那天晚上,我们有幸参加了教堂举办的圣诞晚会,在晚会开始之前,那位李牧师提议用掌声欢迎第一次来参加教堂活动的人,让我们一下子就有温暖如春的感觉。当教堂全体唱诗班成员手持红烛,在牧师的带领下边走边唱从我们身边走过时,我还是被这个场面深深地震撼了。

  这是个哭笑不得的年代。每天我们都会听到许多事情,不断重复发生的事情,我们的追求跟现实根本不是一回事,但我们却无力改变这一切,可我们内心又多么期待改变。人要有些宗教的情怀,追求真善美。从我做起,推及他人。就像那首歌中所唱的:期待看到天空的亮光。

  那天我们从教堂出来,看见教堂外面等候领圣餐的人早已排成长队,从莫愁路围着教堂院墙直至转弯的那条路,那个队伍好长好长。虽然在寒风的黑夜里,看不清你们的模样,但我知道你们内心有期待的温暖。

寻找先锋书店的灯光

17年前,我去先锋书店是个下雨的傍晚。那天我正打着伞从广州路五台山附近经过,不经意抬头看见那个"先锋书店"的门牌,不知为什么,每次当我看到标识上写着的"大地上的异乡者"几个字时,心里总会一霎时有种被抚摸的温暖,这也许暗自吻合了我多年来客居异乡的心境。

沿着一个不起眼的过道,走进那个陷进地下防空洞的书店里,不由得眼前一亮:迎面是罗丹的雕塑《思想者》,其后4 000多平方米的书店大厅,充满了现代简洁的装饰风格。四周粗犷的黑色线条,传达出高贵与希望之寓意,尤其是当你转过身时,看到白墙上那个巨大的黑色十字架,一下子就不由自主地升腾出一种宗教情感。其实书籍对我们这些爱书人来说,就是宗教,就是光亮。由此可见,先锋书店曾获得"中国2009年度最美书店奖",跟这种独特的创意理念是分不开的。

在那个诺亚方舟般的大厅里,数万册文学、艺术、社科、历史等各类图书静静地陈列在书架平台上,散发着油墨清香,而置身其中选书的读者们正专注陶醉在"如此美妙的时光"里。

不知为什么,每当我在书店里遇到那些素不相识的读者,无论其年长还是年幼,

先锋书店更像一所没有围墙的大学

总觉得有一种自然而然的亲近感：那些背着包专注读书的女孩，那些头发花白的长者，他们脸上的宁静气息是相同的。

更让人感动的是，书店还针对不同读者人群设立了比如独立知识分子专柜、世界书店专柜、二手书店、独立创意馆，大厅的中间还特意开设读者读书台。读者可坐在舒适的沙发上看书，也可坐在漂亮的桌椅上记笔记，在这里你可以找到坐在自家书房里读书的感觉。

在大厅的中间，还开辟出一块先锋讲坛。在这里每年都举行近百场的主题专场讲座，主讲人都是来自全国或世界的专家、学者、作家、编辑、设计师、艺术家等。比如我就有幸参加过台湾作家朱天文、《读库》主编张立宪等人的讲座，现场读者的火爆场面超出你的想象。所以有人说，先锋不仅是书店，它更像一所没有围墙的大学。

在大厅的右边还设有300平方的独立先锋创意馆，里面展示了五千余种与书籍

这里每年要举行近百场主题讲座

相关的创意产品。我特别喜欢先锋书店里的布幔,不仅可以任意分割若干区域,更让读者身居其中有种温暖的感觉。

先锋书店老总钱小华毕业于南京大学作家班,喜欢读书写诗,为了生存也曾做过生意,但最后认定"只有开书店才是我最合适的一件衣裳"。先锋书店从初创到现在,也曾经历几度沉浮的艰辛,至今,钱小华还刻骨铭心地记得当年风雪之夜独自守店的凄凉。"黄昏中的旅人"、"异乡的漂泊者",这些个人独特的感情体验全都被融入先锋书店的经营理念里。在钱小华的心目中,书店最接近他理想中的天堂形象,"抚摸书的感觉就像抚摸自己的孩子"。如今他站在散发着浓郁油墨香的书籍面前,那种"曾经沧海"的人生感觉,真可用"悲欣交集"四个字来形容。

有位爱好文学的女孩曾在一篇博客中写到,她的人生愿望就是:在南京找一份工作,然后在南大附近租一间房,平时能去南大听听讲座,到先锋书店看看书。在先锋书店的读者当中,不仅有大学生和老师,更有作家和艺术家,还有各行各业的爱书人,当然也有慕名远道而来的外地读者。在这里一不留神,也许就会与叶兆言、苏童这样的作家擦肩而过。

让书店"成为一个真正意义上的公共空间,成为能自由散步的林间空地",正是先锋书店的办店宗旨。

如今,先锋书店已成为海内外非常有影响力的民营书店。钱小华难能可贵的就是,虽为商人仍不失文人本色,理想主义者追梦的情怀从来就没有熄灭过。记得有一次,他把我叫到他办公室,念他写的散文给我听,奶奶的,竟把我眼泪赚下来了。

来南京 17 年,先锋书店已成为我生命中非常重要的地方,只要有段时间不去,人就像丢了魂似的。我喜欢独自坐在书店大厅温暖的灯光下面,体验那种专注读书的感觉。真的,耳边聆听着肖邦略带忧伤的钢琴曲,环顾沙发四周一张张可爱的面孔,我突然领悟到什么是崇高,什么是天堂,什么是被抚摸、被温暖的感觉。

大地上的异乡者

朝天宫兰苑剧场的昆笛声

这些年，朝天宫兰苑剧场是我经常去的地方。记得第一次找这个小剧场，还费了一些周折，拿着戏票围着朝天宫绕了一圈，最后才发现小剧场藏在那座省昆大院内。如今这座大院大门牌匾上写着"江宁府学"四个大字，走进去也是古色古香的堂廊四合院。原来这里是清代就有的老房子，就像正中那座大屋叫明伦堂，当年是聚众讲学之处。明伦堂后面叫尊位阁，传说就是20世纪30年代的故宫博物院文物仓库，曾经存放那批故宫南迁文物的地方。它的背后就是冶山，相传就是吴王夫差当年为铸剑而建的"冶城"。所以走进来，让人感受到一种浓重的文化气息，是有它的道理的。

兰苑剧场前身是省昆大院的内部排练场，舞台倒是不小，却只有几排座位。因为空间小，声控效果好，舞台上演员举手投足，甚至一个眼神都看得特别清楚。省昆正是以这个小剧场为根据地，以演员专场演出的形式，不仅培养扶植了一大批中青演员，更是培养了一大批中外年轻观众。如今南京拥有一大批素质高的"昆虫"，应该说，兰苑剧场是功不可没。后来，这里的演出采用环球网络直播，昆曲的影响更是传到海内外。

古色古香的省昆大院

说实话,我来这里看戏,就是享受那种静气——随着昆笛响起,幕布拉开,外面喧嚣的世界似乎与你没有半点关系,只会让你沉浸在剧情里不能自拔。在这里演出的都是传统经典的折子戏,这些戏是戏剧家和艺人们数百年相互打磨和传承下来的,因而特别精彩,也是像我这样的准"昆虫"的入门必修课。

我经常比喻看折子戏就像写文章,演员一出场就交代背景,我从哪里来到哪里去。然后展开戏剧冲突,波澜起伏,但始终沿着一条红线,展开剧情,绝不跑题,到最后高潮处,戛然而止,绝不拖泥带水。

记得那天晚上,我看了钱振荣、孔爱萍两位老师演的《玉簪记·秋江》。他们把剧中书生潘必正和道姑陈妙常的那种情爱离别,表演得让人揪心,我也第一次发现昆曲之所以如此拿魂,就是演员在台上都是玩真的——看到钱振荣在台上如此投入的表演,我们都有点于心不忍。难怪汪曾祺先生的小说中写过去大户人家的使女,

[朝天宫兰苑剧场的昆笛声]

南京拥有一大批高素质的"昆虫",兰苑剧场功不可没

一场戏看完就跟唱小生的私奔——我想这就是艺术的魅力了。

那天晚上,我还看了孔尚任的《桃花扇·题画》。这出戏就是写南京的秦淮河,戏中的媚香楼也是我经常带外地朋友去的景点,因而显得特别亲切。特别有感触的是,侯方域来媚香楼看久别的李香君,也许平庸的编剧会来一段"相思之苦",而侯方域却只是对院内的花草树木抒情,这是标准读书人的小资调调,也为后来发觉李香君已被掠进宫里作铺垫——什么是悲剧?悲剧就是把美毁灭给你看!说实话,那天晚上扮演侯方域的施夏明演得真是好,哪怕是侯方域退场时的那几步路,尽管是背影,也可以体会那悲凉、无奈、痛心的心境。

接下来的折子戏是《玉簪记·偷诗》,与施夏明配戏的是单雯,这两位年轻演员我都有幸写过。这几年来,我们见证了他们的表演越来越大气:台上单雯越来越从容不迫,更见"大家闺范";施夏明平时为人低调内敛,但经过修炼的艺术内涵,在台

155

上就会爆发光彩。

　　昆曲之所以让那么多人喜爱,关键词就是一个"雅"字。不仅唱词有宋词之美,而且演员表演起来也是载歌载舞,有很强的观赏性。我尤其喜欢那些平民的戏,一下子让你回到生活的原点,回到生活的初心,让你在看戏中找到生活的影子。

　　那天,我还见到了在台上讲解昆曲的王斌副院长,说实在的,身穿黑长衫的王老师站在舞台灯光下很是潇洒,当时我就在心里想,将来有机会和这样的人交朋友就好了。其实只要有心,朋友都在路上,没想到我现在和王老师成了博友加朋友,经常聚会见面。

　　记得前段时间,几位朋友在禅茶经院喝茶,当时在场的王斌老师不顾手臂夹板的疼痛,当场应邀为我们表演一段昆曲小生片段,短短几分钟让我们感受到月光融融,花开雾起,古人那种内心的柔软彻底征服了我们。

　　后来,我也在其他场合,相识昆曲表演艺术家柯军老师、省昆当家花旦龚隐雷女士,也认识其他好几位知名演员老师。他们都有一个共同点,就是为人谦和低调,淡泊名利,向往做一个纯粹的艺术家。我想什么土壤开什么样的花,昆曲文化的魅力就在这里。

　　有年夏天,我们去朝天宫市博院看画展,顺便到隔壁省昆大院找王斌老师玩。那天下午我们在他办公室喝茶聊天,感受到下午的阳光照进古窗的感觉,后来还参观了后台化妆室,最后他还带我们到兰苑剧场戏台上转了一圈。记得当时舞台光线很暗,我们从舞台上穿行,有一种似梦非梦的感觉。当时我还与王老师开玩笑:假若有来生,我愿做个舞台拉幕人!

　　是的,倘若有来生,我愿做个舞台拉幕人,每晚站在舞台的一侧,看舞台灯光下的悲欢离合,戏梦人生,台上台下一片唏嘘,这何尝不是一种幸福?

（本文摄影:郭峰）

南师书衣坊
——古朴清幽的夜晚

去南师大的书衣坊已经好几天,但那种恍若如梦的感觉依然在眼前晃荡。虽然我自知笔力不逮,但还是要把它写出来,因为许多美好的感觉就像明月清风,很快就会消失。

南师大随园校区是我经常去的地方,它与南大校园相比,更多些古朴的味道。这个"古朴"不仅仅因为它是清人袁枚的故园,更是在于那些萧简的古树伸向夜空传递给你的感觉。

那天晚上,当钱小华、陈卫新带我们站在那座白色的书衣坊前的时候,我们说话的声音马上就轻了下来,生怕惊动眼前那个古树参天、素朴建筑的画面。"结庐在人境,而无车马喧",书衣坊能建在百年名校南师大校园里,并与周围的古意气场相匹配,应该真是个奇迹。

记得那天站在门口,陈卫新朝屋子里喊了一声:"朱老师!"一个修长的身影沿着墙走了出来:"开灯迎客,开灯迎客呵!"朱赢椿老师边走边说,笑盈盈地站在大家面前——这个细节我之所以要写出来,就是非常在乎这个有点古风的场景。

当朱老师带我们走进这个古朴的院子时,那种潮湿的气息扑面而来,迎面中堂墙上挂着窗格,两边是木牌楹联。散发着岁月气息的条几、明代圈椅、汉代的石臼、怒放的古梅,还有后园里写着"书衣坊"的古意盎然的木门,以及那棵双手抱不过来的大树,都能传达出主人的审美趣味。那是一种古朴清幽的感觉,以至我发下面的图片都不敢轻易PS,生怕破坏那种素朴的感觉。在我旁边的文友提醒我抬起头——只见夜空里苍翠的参天古木,竟让我汗毛竖了起来,这正是我期待的萧简意境。记得我们在不同风格的工作室里穿行的时候,竟有种神情恍惚的感觉。

这个让我神情恍惚的书衣坊,原来只是个废弃的破旧车棚,用钱小华的话说:化腐朽为神奇。而策划者就是朱赢椿和陈卫新,可以说书衣坊就是两人气息相近的产物。

朱赢椿是书衣坊主人,南师大出版社美术编辑室主任。他装帧设计的《不裁》、《蚁呓》等书,连续被评为"世界最美的书"。当初我就是从《城市画报》和《读库》

环境布置传达出主人的审美趣味

上知道他的名字,他的名声早已冲出亚洲,走向世界。上次《读库》主编老六老师在北京举行朱赢椿设计讲座,我差一点头脑发热飞过去。

陈卫新是书衣坊的设计师。虽然他的名字不为广大人民群众所熟悉,但只要在圈内提起熙南里廿一会所、先锋书店、城市书房、凤凰文化俱乐部、海致岚书吧、水街"白鹭舟"等大名,那可是如雷贯耳,而这些都出自他的手笔。

我与陈卫新是一见如故,可能因为是同乡,也可能都是从老房子里走出来的原因,我们彼此的气息很近。上次吃饭,我才知道海致岚书吧原来也是他设计

书衣坊工作间

的。当年我在头条巷住了两年,我第一次采访画家韦尔乔就是在海致岚书吧的"尔乔书房"里,后来我和尔乔很快成为好朋友。虽然尔乔英年早逝好几年,让我经常没来由地想念他。如今让我没想到的是,我与"尔乔书房"的设计师也成了好友。

不过,朱赢椿和陈卫新虽然声名远扬,但本质上都还是不事张扬的读书人。朱赢椿从大学毕业分到南师大出版社当美编,在这个园子里一待就是二十多年。我很羡慕朱老师十几年如一日的"护心"状态,他今天能达到这样的高度,就像有人评价杜尚的那样:"不是被聪明机巧成就的,不是被旺盛的创造力成就的,更不是被名利心成就的,而是被超然成就的。人一旦做到超然,他的能力会非常大,聪明、创造力

读了朱赢椿的《蚁呓》,觉得他自己就是那只蚂蚁

自动就来了,全不在话下。"

我曾有幸读了朱赢椿夫妇合著的《蚁呓》,我觉得他自己就是那只到处漂泊的蚂蚁。朱赢椿喜欢自然,喜欢生灵,喜欢古琴,喜欢古董(如果我这样排比下去就把他写成张岱了),与其说他守着清静,不如说他守着心灵。

陈卫新老师也曾经历过两次苦读书的人生阶段。他当年考研读的是地域文化,正因为读书才有了不同的审美眼光。陈卫新不但写小说,也坚持写博客。他形容自己热爱南京这个城市——"好像你深深地爱着一个姑娘,她却浑然不知,爱着的人只能用爱来摧残自己。"这种话,只有内心特别柔软的人才说得出来。

那天晚上,我们几个人就在朱老师二楼的工作间里喝茶聊天,本来朱老师说楼上太乱就在楼下吧,没想到我们就是一根筋非"楼上请"不可,因为我们最在乎的就是那种现场的零乱感,喜欢那种孤寂灯火的氛围。因为我们明白,凡是有成就的人,都是"悄没声儿"做自己的东西。

后来,我们还围着电脑一起看朱老师拍的书衣坊,从创意到设计以及施工全过程的照片,朱老师理所当然成了现场解说。在镜头里最多的是朱赢椿和陈卫新,还有那些施工现场、农民工兄弟,以及大树、草丛和昆虫,他们见证了造园的全部过程。那天朱老师讲了这样的小故事,一位工人在砌墙时,把一只西瓜虫压在砖头下面。后来朱老师犹豫了半天,还是走过去让他把砖头移开,让那只虫子爬走。后来

[南师书衣坊——古朴清幽的夜晚]

"围茶夜话"恍若在梦里

那位工人笑着对他说：朱老师，你挺有爱心的嘛！

那天晚上，我们在那座小楼上"围茶夜话"，透过窗户可见夜色里古灵精怪的大树，隐隐约约会有"沙沙"声传过来，恍若在梦里，一时间竟有种"不知有汉，无论魏晋"的感觉。

南京师范大学
——东方最美的校园

　　南京师范大学被称为"东方最美的校园",我想还是要归结于它的古色古香、很中国的浓郁气息,还有就是这块地的不可复制。南师大的前身是金陵女子大学,再往前是清代文人袁枚的故园遗址,更有人考证再早就是曹雪芹笔下《红楼梦》的大观园了。就凭这三条,我所说的"不可复制"是站住脚的。

　　人对美的认知是不断生长的,就像我十几年前刚来南京时,觉得南师大的门楼有点寒碜,似乎一点也不"高大上"。而今天重新看到南师大那个门楼,你会觉得那种中式、简素、不张扬的建筑风格才更加耐人寻味。

　　20世纪80年代,我从苏北小城来到南师大校园。记得我在中文系前面那个小水塘旁边逛了一圈,在树木丛中看到一群秀美的女生在水塘边安静地读书,这个画面正是80年代王洁实、谢莉斯所唱的"沿着校园熟悉的小路,清晨来到树下读书"的诗意场景,令我无限向往。记得那次我还找到一座楼里的办公室,花16元买了两本《研究生辅导资料》(上下册),带回那个小城……我始终认为,人的出身不容选择,但美好向往是可以选择的,正像有首歌唱的:野百合也有春天。

　　说起来很有意思,南师大现校址,原是美国人20世纪初所办的教会学校——金

[南京师范大学——东方最美的校园]

幽静的校园,古色古香的建筑

陵女子大学的校址,但校园的建筑却是特别的古色古香。而南京大学的现校址原为金陵大学的校址,金陵大学是中国人办的,但校园的建筑却是中西合璧。如果说南师大是"大家闺秀",那南大就是"留洋公子",如果非要我说出形象代言人的话,应该是林徽因和徐志摩,呵呵!

金陵女子大学是中国第一所女子大学,该校最初设于绣花巷李家花园。1921年底开始在宁海路现址建校,整个校园建筑充分利用自然地形,按照东西向的轴线布置,布局工整,平面对称。我们走进校门沿着大道不远就可看见碧绿的大草坪,以及正面的古色古香的一百号会议楼,其他那些宫殿式建筑物都是以宽阔的大草坪为中心。这些古典建筑彼此之间都有古典外廊相通,逢下雨天师生从此楼到彼楼都不用打伞,现在看来,传统古典建筑设计确实很人性。

一百号主楼建筑后面的池塘,就是我多年前曾经来过的地方。如今看上去眼前的画面更美，在午后的阳光照射下，那些参天大树垂挂下来的树枝，与池塘中的曲桥、水中的睡莲形成很好的呼应，那种光影浮动的画面真美。记得那天还有穿民国学生服的女生在池塘边拍照，让人有一种回到民国的错觉。

从池塘边中心区域孔子像后面可以拾级而上，古典建筑风格的南师大文学院就在最上面。记得有一年，我陪外地朋友夜游南师大校园，在那个昏暗的文学院楼道里，无意看见一间紧闭的门写着"高教自学考试办公室"的字样，刹那间我有一种"山洞里遇喜儿，又是悲来又是喜"的感觉。

许多年前，我是南师大高教自学考试汉语言文学专业的考生，记得那年省内有个马大哈考生，填的准考证号码和我的完全相同，结果通过电脑统计发现相同号码而不计成绩，让我两门难度最大的《古代汉语》和《古代文学》成绩作废，在这件事上我其实比窦娥还冤，害得我来年又重考了一次。不过现在看来，其实是一件好事。

那天晚上，我们还看见文学楼外面有一群野猫，要有几十只，看上去像是猫在聚会。据说，这些野猫，经常会有校内外的退休老人喂它们，难怪长得胖胖的。其实，对动物的态度就是对世界的态度，慈悲虽然无形，但也是可以衡量的！

在南师大校园里走动，经常有意外的惊喜。比如朱赢椿老师的书衣坊，这个车棚改建的工作室，如今在圈内声名鹊起。我曾专门写过那篇《书衣坊——古朴清幽的夜晚》，然而几年不见，在高大古树的映衬下，朴素粉墙、篱笆藤蔓，更有一种古幽的风姿。我们还看到一处挂着"随园书店"牌子的建筑，虽是平房，却是那些宫殿式建筑的附属建筑，是货真价实的民国建筑。在另一处"随园书苑"里，里面都是南师大出版社的书，其中我也看到拙作《南京深处谁家院》，觉得特别亲切。

我们还去了金陵女子学院，参观原金陵女子大学校长吴贻芳纪念馆。同样，我们也不要忘记在学院旁边的那座魏特琳的塑像。这位来自美国的基督徒，曾担任金陵女大文理学院教务主任，在南京大屠杀期间，她积极营救中国难民，利用金陵女子文理学院保护了上万名中国妇孺难民，被南京人民誉为"活菩萨"。

记得那天从金陵女子学院出来，在路上听到一位花腔女高音的美妙歌声，于是我们被歌声吸引，来到了音乐学院楼。说真的，我们穿行在那些琴房的过道里，听到

Minnie Vautrin，中文名华群，现译为明妮·魏特琳。南京大屠杀期间，她保护了上万名中国妇孺难民，被称为"活菩萨"

那些歌声和琴声，特别羡慕眼前这些学生。后来我们还爬上楼，去了那个古色古香的随园音乐厅，听着钢琴曲，有一种恍如隔世的感觉。

行走在南师大校园，给人最深的印象就是有移步换景之妙，尤其是那种上下起伏的山坡，让人欣赏那些歇山顶的古典建筑，更有了不同的视角。其实南师大校园并不大，但给人的感觉却是曲径通幽，峰回路转，柳暗花明又一村——不由让人从心里赞叹建筑设计师的才华。

当年金陵女子大学建筑群从规划到设计以及承建，可谓是豪华阵容。担任规划设计的是美国建筑师亨利·墨菲，当时是国民政府首都计划的首席顾问。担任建筑设计的是墨菲的高足、青年建筑师吕彦直，这位青年才俊不但设计了中山陵、金陵女大，还设计了燕京大学（现北京大学所在地）。可惜这位杰出建筑师在中山陵即将完工之时，因过度劳累而英年早逝，让人非常惋惜。

而承建的陈明记营造厂也是大名鼎鼎，这个最初建在焦状元巷的南京近代首家华人营造厂，除了承建了金陵女子大学，像金陵大学、金陵神学院、金陵女子神学院、基督教圣保罗堂和汉中堂等建筑，也都是陈明记建造。

不过提起南师大，还有一个绕不过的名字，就是随园，可惜现在似乎很难寻觅到随园的痕迹。

在清代文坛上，随园主人袁枚是诗坛的领军人物。这位客居南京的钱塘人，先后任溧水、江浦、江宁等县县令，不过，真正留下名声的是他的《随园诗话》和《随园食单》，以及修筑著名的随园。随园在袁枚死后，逐渐衰败，但对随园真正破坏最大的是太平军，硬把这个文人园林开垦成庄稼地，让我们现在一点随园痕迹都找不到。

当年的袁枚墓已难寻觅

我从朱偰所写《金陵古迹图考》，黄裳所写《金陵五记》中，知道袁枚的墓葬在五台山的百步坡。据黄裳在文中描述："在上海路的转角处看见了两座用砖砌起来门楼，上面横着一个用洋铅皮作的门额，黑漆，白字，写着'清袁随园先生墓'。"据黄裳在书中描述，这里除了袁枚和王夫人合葬的墓，左面的两个坟，全是袁公的侧室，每墓三人。在三墓之后，是袁枚父母的墓。

20世纪50年代，袁枚墓被列为江苏省级文物保护单位，没想到"文革"十年浩劫中袁枚墓地表面被毁，仅存有石牌坊。更难以置信的是，1974年3月，由于扩建五台山体育场之需要，有关方面竟对袁枚墓进行了全面清理。据黄裳先生文章所记叙："共清理墓葬三座。一座男墓，为袁枚所葬；两座女墓，为袁枚妻妾所葬。墓室长2.5米左右，皆为砖室。随葬品有金簪3枚，金耳环2副，玉带片20块，以及玉簪、铜镜、瓷罐等。随园仅留的袁子才墓地终于被铲除了，似乎不毁尽随园的痕迹不足解恨。袁枚留在南京仅有的一点物质遗存终于扫荡一空。"

也就在我写这篇文字的前几天，我和朋友专门去了五台山，发现坐落在百步坡的五台山保龄球馆其实就在路边，除了保龄球馆大楼，整个大院都是水泥路面，连一块绿地都未找到。后来只好去了后面楼下地下室，勉强算是接点地气，缅怀了一下袁枚先生。

升州路上的美大纸行

"美大纸行"是民国年间升州路上的最高建筑

一座城市之所以有魅力,就是因为它总是会不断给你新的惊喜。就像前段时间,我去熙南里参加"片纸闲墨——薛冰民国纸品展",就给了我这样的惊喜。

展览在升州路上一座叫民国印象馆的老楼房里举办。升州路是南京一条古老的街道,该路从南唐时期就是当时城内的东西干道,这座民国建筑的前身就是传说中的"美大纸行"。据著名设计师速泰熙先生回忆,20世纪30年代他老家就住在升州路一带,当年他背着书包、滚着铁环去上学,路过这座非常有气派的建筑,都吓得不敢走进去。在他童年的记忆里,"这里面的老板肯定很狠,很凶"!这个建成于1937年的五层民国建筑,在速泰熙眼里就是"帝国大厦"。我曾从一张民国老照片上看到昔日的升州路,当时路边还没有梧桐树,远远看上去"美大纸行"在沿街一排低矮的民房中,真有鹤立鸡群的感觉。

升州路118号的"美大纸行",当年是南京最大的纸业公司,老板胡镛山是南京纸业公会的理事长。民间传说,胡镛山当年资助过一个在华落魄的美国人,此人回国发迹后知恩图报,赠送胡镛山一大笔美元,这就是这幢大楼的基建资金。当时这里是由山西"竺达记"营造厂帮忙盖起来的。据说日本人打进南京后,日军方欲征用"美大纸行"大厦,胡老板因与德国有纸张进口业务关系,因此到德国使馆弄来一面德国旗帜挂在门口才免于一劫——这点倒与拉贝故居挺相似。

1953年社会主义改造运动,因"美大纸行"被定性为"非生产商"又"非零售商"的"中间剥削商"而关闭,那个胡老板也不知去向。据老城南的老人说,这幢大楼先被其他商铺占用,后被一家国企用作办公楼,后来又成了职工宿舍。也有人说,胡镛山脑溢血在1950年去世。他的儿子,少东家胡本昌1969年病逝于上海。据说,除了胡本昌,胡镛山还有一个小女儿。某种程度上,一座老房子就是一部活的历史书。胡镛山的经商史,是民国时期南京商人的一个缩影。

那天上午,当我走进这座屋檐有精美雕花的老房子里,别有一种滋味在心头。眼前的彩色玻璃的隔断,展览墙上的民国老照片,橱柜里的各种纸品书籍展,以及老式布幔,都给你一种浓重的民国气息。在二楼我还见到窗外那些长条大阳台,石栏杆都是镂空的,两侧有云纹石雕,异常精美。

现在入驻"美大纸行"的观筑历史建筑文化研究院院长陈卫新告诉我,这幢楼是钢筋混凝土结构,当年水管用的都是英国进口的名牌水管"百乐门"。它以前的内部设施很令人惊讶,比如楼底下有蓄水池,房子本身有送水功能,就算自来水停了也不怕。据说一楼曾经有锅炉房,能把烧热的水送到四楼和二楼的浴室,锅炉还有自动测温的仪器,很是先进。不过,这座房子最出名的是二楼那个储藏间,里面有一排黑色保险箱,当年曾以它为由头拍了一部著名的故事片,名字叫《蓝盾保险箱》。

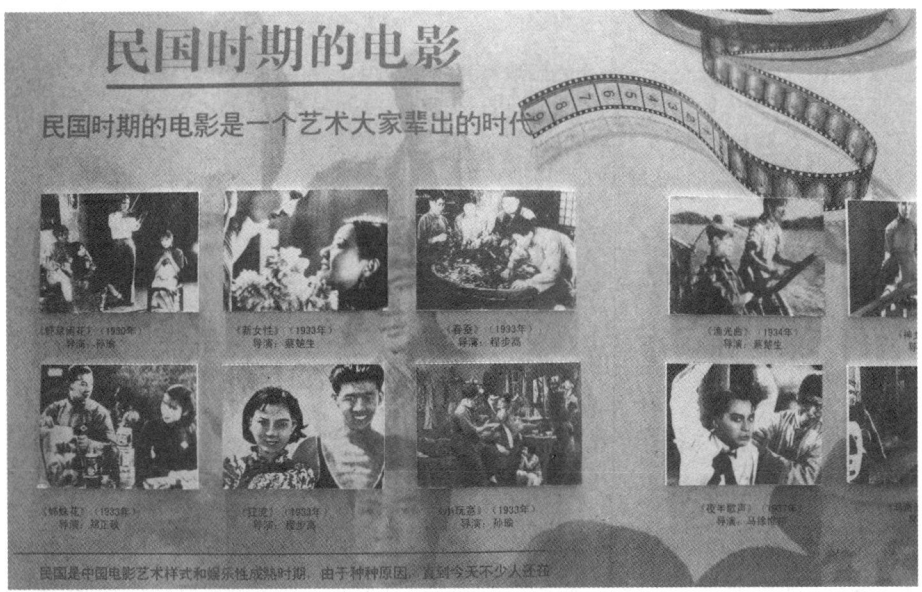

老房子有老灵魂

二楼储藏间的保险箱,当年曾以它为由头拍了故事片《蓝盾保险箱》

在展厅里,我见到了许多熟悉的师长和朋友,比如著名藏书家、作家薛冰,著名设计师速泰熙、朱赢椿,著名出版人蔡玉洗,还有城建历史文化街区开发公司的陶总等。当然我还看到许多熟悉的文友、朋友,他们都有一张干净的脸,一时间只觉得展厅里走动的都是民国绅士名媛。

薛冰老师是南京著名的收藏家,这次他在"美大纸行"展出数百件个人珍藏的民国纸品,跟这座民国老房子的气息特别贴切。比如写着"洪宪"字样的公文纸,是袁世凯当了81天皇帝时印的官纸;比如南京《回民三字经》,据说南京历史上有8万多的穆斯林,像我们喜欢吃的盐水鸭都是回民做的,在江宁还有一片很大的南京回民公墓;比如民国时期的"婚礼谢帖"——婚礼之后还要一家家答谢,可见当时民间交往的讲究。我还看到民国时的儿童识图卡,上面写着:"小星请你告诉我,白天你在哪里躲,我到晚上去睡觉,你在天上做什么?"生动富有情趣,一点说教都没有,让人联想起近些年热销的民国老课本。以前我们总认为"书中自有黄金屋",现在看来也不完全对,如今市场上误人的书也很多,某种程度上,这些保存下来的"历史记忆",比某些书更接近历史的真相!

后来,我们还在三楼咖啡馆里举行展览沙龙座谈。说真的,当我坐在那间有着老式吊灯、老派家具的屋子里,看见薛冰、速泰熙两位老先生坐在席间侃侃而谈,再看看周围一张张熟悉的脸,人不由有点恍惚起来:老房子,老纸书,老绅士,老城南,组成了一种奇异的场景,仿佛是民国南京的情景再现。说实在的,我特别喜欢这种自由放松的沙龙气息,大家都出于对民国文化的热爱,台上台下皆成风景,既温情脉脉,又意味深长,用文友罗家明的话就是"十里友朋,一室唏嘘"!

我特别赞赏那天沙龙活动主持人、著名设计师陈卫新的话:"对老建筑的保护,不光是卖票让人参观,要发挥建筑、修复、使用一体化功能,建筑的核心价值在于使用。"

如今南京许多民国经典建筑,大都被政府机关、企业、部队所占用。我曾多次在湖南路、颐和路、下关大马路等地,被保安挡在民国建筑的门外。我想,要真正了解这些民国建筑,不仅仅是要远远观赏,更要走进去,才能体会那种历史的氛围和气

薛冰老师、速泰熙老师在座谈会上

息。同样,要想真正读懂老南京,只有走进像这样原汁原味的老房子,身临其境,去感受,去聆听,才会接近南京民国文化的真相。

记得那天,我还拿着相机在楼上楼下转了一圈,对这座修复好的民国印象馆有了大概印象。比如一二楼是民国纸品展览,三四楼是观筑历史建筑文化研究院,并可在三楼举办沙龙,五楼是一个小影院,专门放映民国经典电影。据说民国印象馆接下来会举办民国黑胶片展、民国旗袍展等,并且免费向市民开放。

那天中午,我还爬上顶楼阳台,这里放着一些藤艺家具,可以坐在这里喝茶清谈。据说这里屋顶上就是一个屋顶花园,有荷花池、假山,站在上面能看见紫金山。虽然那天我没能看到紫金山,但却在炫目的阳光下看到了熙南里大片的老房子,以及升州路上车水马龙的人世风景。

东郊青年旅馆

——月光下的浪漫城堡

东郊风景区是南京城的肺。一个城市有这样大片的美丽山水风景,是南京人民的福气。那天傍晚我们乘车行驶在东郊林荫大道时,一下子嗅到那森林里松针清香的气息。

不过我们乘车去东郊青年旅馆还有个小插曲,由于司机不熟悉路,就把我们扔在四方城附近的路上,不过也好,徒步才能真正享受到东郊树林静悄悄的感觉。

说实在的,每次看到东郊青年旅馆这个圆木结构、花岗岩墙,像欧式城堡一样的建筑,极容易让人产生英国电影《简·爱》里罗切斯特庄园的联想。然而走进去却没有半点腐朽气,而是灯火通明,一派浪漫的老南京情调。

1909年,德国一位名叫理查德·斯奇曼的教师带领一班学生徒步旅行,途遇大雨,只能在一个乡间学校里,以稻草铺地当床,度过了艰难的一夜。彻夜未眠的教师,萌发了建立专门为青年提供住宿旅馆的想法。

1912年,世界上第一家青年旅馆在德国一个废弃的古堡中诞生。如今青年旅馆已经遍布世界各地,而今天青年旅馆的客人则大多是三十岁左右,或是全家开车出行,或是独自出游的背包一族。

青年旅馆更像一座风景区度假村

虽然这家东郊青年旅馆算是中国第18家分店,但在我们心中它更像一个风景区度假村。

十多年前,我就采访过我的朋友、青年旅馆的设计师郭玉飞,他介绍说,这家青年旅馆是由一座破旧的疗养院改建而来的,最大的特点是风景不可复制。前面是雨花茶园,后面是开满梅花的梅花谷,徒步去附近的四方城、石象路、明孝陵、梅花山、南京博物院只需十几分钟的路程。

据介绍,这个占地3万平方米、投资230万的旅馆,是按照三星级宾馆的标准设计的。在建筑布局上既有欧洲乡村别墅的风情,又有中国四合院的雏形。亭台楼阁围墙而筑,过道走廊曲径通幽。甚至在选用建筑材料上也是就地取材,平台楼阁大量采用了旧木料，使之散发出怀旧气息，采集山上的花岗岩、鹅卵石砌墙铺地，使之与紫金山的精神气质更为吻合。

我曾多次带朋友来这里就餐，一般都是带客人上午游玩四方城、石象路、明孝陵、梅花山，中午来这里吃饭，然后休息之后继续游玩下面的景点。我也介绍过外地朋友来这里住，正如我的一位安徽作家朋友调侃的：人到中年才住上青年旅馆。

不过，青年旅馆最具特色的还是院内用木材搭建的亭台楼阁，以及庭院内曲径通幽的走廊。在茶吧或走廊过道，随处可见各种老物件，比如法国领事馆的招牌，美国老汽灯，清朝衙门喇叭，20世纪30年代老唱机，40年代华生电扇，香水广告画，以及南京老地图等，这些历史藏品就像陈年老酒一样散发出独特而又醇香的魅力。

既有欧洲乡村别墅的风情，又有中国四合院的雏形

在院内正中央,还有一个小型演艺舞台,可举办露天时装表演和文化时尚活动。记得某年,我们在这里为同事策划举办了一场时尚婚礼;比如某年我们还在这里举办了风尚时装派对,当时在南京很有影响力。如今在这里举办婚礼和派对已成了青年旅馆的保留节目,成了南京小资风尚的根据地,生意非常火爆,菜价和房价几乎涨了一倍。

　　记得我们那天在楼下某餐厅吃饭,室内有欧式壁炉和古典吊灯,可以前窗看庭院、后窗看湖水。而且这七间餐厅的装修风格也是绝不雷同,有北欧风格、德国乡村风格、夏威夷沙滩风格。后来又在楼上加建了玻璃茶餐厅,记得某年的一个春夜,我曾和十几位朋友在这里玩"杀人游戏",外面月黑风高,里面点着蜡烛玩"杀人游戏",真是好刺激。

最为经典的是餐厅后面的小湖

青年旅馆最为经典的是餐厅后面的小湖,以及可以吃烧烤的草坪。据说这里的草种是从德国引进的,非常厚实松软,走在上面非常舒服。而湖边岸上的那只旧木船,以及那棵孤独的树,都是来这里的摄影爱好者喜欢捕捉的浪漫场景。小湖中还有一对鸭子,每次我在这里为外地朋友拍照,总是会留下它们"恩爱"的身影。

记得那天晚上喝酒出来,我们特意沿着小湖的石板路感受了草坪上的露水气息,后来又踏着吱吱作响的楼梯,登上院子中间的露天平台,皓月当空,万籁寂静,远远可遥望南京城的都市霓虹。

突然,秋风乍起,头顶上那些高大的梧桐树发出哗哗的声响,一时间竟有种"恍若隔世"的惆怅了。

南京深处的桃叶渡曲会

那年冬至,我有幸去桃叶渡茶贡院参加罗拉拉等朋友组织的曲会。去桃叶渡先要经过热闹的古玩市场,然后走进那条有着千年历史的弧形老巷子。记得许多年前,我来南京旅游,曾来过这里的吴敬梓故居,见过那个桃叶渡的古牌坊,真是有寂静荒凉的感觉。老南京都知道,桃叶渡是六朝时期秦淮河上的渡口,据说当时的秦淮河有15米宽,当年正是东晋书法大家王献之在这里送小妾桃叶,留下了那三首情真意切的小诗《桃叶歌》,让这个已经不存在的桃叶渡声名远扬。

那天下午,当我走进茶贡院的院门,门内两位年轻姑娘笑意盈盈,走过长廊,可见院内亭台楼阁,假山老树,一汪碧水。尤其是经过那座曲桥门厅时,让人想起唐宋传奇《霍小玉传》里的那句"开帘风竹动,疑是故人来"的诗句。

走进那座悬挂着"浓淡由己"牌匾的大厅,发现里面已经坐满了熟悉的师长和朋友,尤其是舞台正中就放着一扇朱红色屏风,更加有了新年茶话会的气氛。这种自发的纯属民间组织的曲会,是由罗拉拉、乔小青等人组织的,在南京已经举行过九届。据说,当初这些爱好昆曲的朋友,就是聚在某茶楼吹吹昆笛,唱唱《牡丹亭》,叙叙友情,没想到这些年曲友像滚雪球一样越来越多,形成如今的规模。就像那天下

[南京深处的桃叶渡曲会]

午当昆笛响起,朋友们齐唱起《牡丹亭·皂罗袍》时,曲声悠扬,让人竟有点恍惚——选择在桃叶渡这样的南京深处举行曲会,风景很是难得。

这次曲会策划人是罗拉拉,主持人是乔小青。罗拉拉当年是苏州大学中文系的才女,而比她小五届的师妹乔小青,正是毕业于1988届苏大那拨空前绝后的中文系昆曲班。记得几年前,我在先锋书店咖啡馆碰见老同事罗拉拉,她也给我介绍了另外两位美女,其中一位就是乔小青,当时只觉得她的眼神"秋波婉转",后来才知道她是学昆曲的。

那天穿着碎花旗袍的主持人乔小青朗诵了王献之《桃叶歌》里的诗句,拉开了曲会序幕,然后由南京民俗专家薛冰先生,讲述了桃叶渡的历史由来。正如薛老师所言,600年前的秦淮河畔正是金陵昆曲最为流行的区域,今天在桃叶渡举行曲会,可谓名正言顺。

省昆当家闺门旦演员龚隐雷

衡量一次雅集的成功与否,除了策划创意、场景、节目之外,最重要的是人员的整体素质。那天台下曲友都是作家、教授、画家、设计师、出版社编辑、媒体人等知识分子,而台上参加曲会表演的嘉宾,也同样是好风景。比如昆曲表演艺术家柯军和他的夫人、省昆当家闺门旦演员龚隐雷,省昆副院长、导演王斌,省昆当红小生施夏明、周鑫等,就连担任伴奏的也是省昆乐队队长、国家一级演奏员迟凌云和昆曲资料收藏家李宏。

我始终认为昆曲是有教化作用的,也是个人修为或养心的一条秘密通道。我所交往的昆曲演员朋友,大都呈现出正能量的东西,是非好恶非常鲜明,对别人总是欣赏有加。就像参加这种无功利的曲会,纯属友情客串的形式,放松才能产生艺术,像这种自在的心态可能比那种正式演出更加有意思。比如一把折扇,演员可以借来借去,但上台表演起来却毫不含糊,甚至比在舞台上的表演更为真切。那天除了艺术家的参与之外,知识分子的表演也可圈可点,比如表演古琴的是南师大某教授,表演昆曲的也是曾获大奖的资深"昆虫"。

生活中,我们对很多东西的认知总是停留在表面,只有读点书之后才会了解。比如古琴不仅仅是乐器,也是君子修身养性的器物;比如昆曲不仅仅是舞台上表演的艺术,它也是文人雅士在家聚会的雅事。

600多年前,在昆曲的发源地昆山有个"玉山草堂",它的主人就是元末首富顾

昆曲是有教化作用的,也是个人修为的一条秘密通道

阿瑛。当年在他家举行的"玉山雅集"参与者有近百人,都是当时的文化名流,比如被称为"昆山腔"鼻祖、当时只是乐工的顾坚,还有当时著名诗人杨维祯,大画家倪云林,以及写《琵琶记》的戏剧家高明等。正是有像顾阿瑛这样有钱的读书人不遗余力地为"昆山腔"保驾护航,正是这种毫无功利心的文化情怀,播下了昆曲的种子。哪怕后来江南知识分子在明初被朱元璋不断打压,依旧在昆山土地上出现了昆曲"乐圣"魏良辅,出现了写《浣纱记》的戏剧家梁辰鱼等,正可谓是"野火烧不尽,春风吹又生"。

如今我们所看到的昆曲剧作,几乎都是读书人参与完成的,比如明代梁辰鱼《浣纱记》、高濂《玉簪记》、汤显祖《牡丹亭》、沈璟《义侠记》等。比如小说家冯梦龙不仅会写"三言二拍",还会改编昆曲剧本。比如文人袁宏道、张岱还用文字记录了苏州虎丘曲会的盛况场景。比如画家徐渭不仅写了第一部专论南曲戏文的专著《南词叙录》,还写了《四声猿》剧本。文人张岱、冒襄虽然没有直接参与写剧本,却是分别有"张家班"和"冒家班"的家庭剧团。这里面最牛的是李渔,他不但写了《风筝误》《怜香伴》等剧本,还兼任剧团团长、导演、策划推广于一身。还有孔尚任写的《桃花扇》,更是借离合之情写兴亡之感,在当时引起巨大的社会影响。记得前段时间,我陪老妈去山东曲阜,还特意去孔尚任墓凭吊了一下。

据我所知,南京这些年来昆曲普及如雨后春笋,江苏省昆剧院所付出的努力"功不可没",如今省昆剧院老、中、青、少四代阵容整齐,可以拿得出手的折子戏就有两百多出,尤其是朝天宫兰苑小剧场,每周都有经典折子戏的演出,简直是培养南京中外"昆虫"的大本营。包括省昆自己所办的"环球昆曲在线"网站,许多演出剧目都是现场向全球直播。

在民间,坐落在甘家大院的南京昆曲社,创办于1954年,一直进行民间昆曲的传承。那次我有幸在江宁织造的红楼剧场,观看了由台湾师范大学昆曲社蔡孟珍教授和南京昆曲社社长汪小丹女士联袂演出的《牡丹亭》,现场气氛也是十分热烈。还有就是像罗拉拉等这些昆曲爱好者举办的曲会,同样拥有一批高素质的"昆虫"。

那天曲会上,程派传人、一级京剧演员彭林刚彩妆表演了《文姬归汉》选段,更

程派传人彭林刚表演《文姬归汉》选段

是把曲会推向高潮。记得有一次朋友在瓦库茶馆喝茶,彭林刚老师就说过惊人之语:现在戏剧的低迷,就是缺少了一大批高素质的票友。我非常赞成这句话,当年的梅兰芳在艺术上精益求精,做减法打磨出"梅八出",正是与齐如山等这拨上乘的票友有关。

那天让人特别惊喜的是,当年苏大那届昆曲班的老师、著名教授周秦先生,也从苏州赶来参加曲会。前段时间,我正好读了周老师写的《苏州昆曲》,让我对昆曲有了更深的认识。这位从小生长在文人家庭的教授,曾参与台湾白先勇青春版《牡丹亭》的创作和排练,昆曲对他来说,就是流淌在血液里的东西。

记得那天曲会之后,我还与主持人乔小青聊了一会。她告诉我,从小就爱好文艺的她,从金陵中学毕业后有幸考到苏州大学中文系昆曲班,当时他们除了学习汉语言文学基础课程,还开设了艺术史、戏剧导演、昆曲格律、表演艺术等十几门课程。用乔小青的话,当时的周老师就是想用昆曲培养文人的。只可惜当时在那个年代昆曲不被重视,寒窗四年之后,全班20个学员几乎全部改行,这也是一件憾事。

不过,如今我们提到传统文化的传承,总是在历史文化中打转转,提到昆曲好像就是咿咿呀呀,只是消遣的玩意,这是对昆曲文化的粗暴曲解。昆曲它是不折不扣的传统文化的鲜活标本,你想了解唐宋燕乐、宋元南戏、元杂剧、明清传奇等,从昆曲中都可以找到你想要的东西。最近这段时间,我一直在读一些历史,古代那些宫

[南京深处的桃叶渡曲会]

周秦教授在现场吹起昆笛

廷斗争为了政治权力,不惜儿子杀老子,岳父杀女婿,侄子杀姑父,彼此连环残杀就像割韭菜一样。我很赞同周老师那句"昆曲是培养文人"的见解,某种程度上,昆曲就是一支中国文化的血脉。我们受到文学、艺术,包括昆曲的滋养,就是把人心还原成肉做的!如今衡量一个人,不是看他的地位有多高,学问有多大,钱有多少数字,而是看他内心的柔软,看他对这个世界的怜悯态度。

记得那天,60多岁的周秦老师还被邀请上台表演了昆笛,当这位老教授在现场吹起昆笛的时候,我们仿佛能听到600年前的明朝余韵,仿佛能感受到古老秦淮河的流水声。

(本文摄影:郭峰)

禅茶经院
——聆听秦淮河的秋水声

一个秋天的夜晚,我受朋友的推荐,来到"水木秦淮"一家叫"禅茶经院"的茶馆喝茶。"水木秦淮"是南京近些年来新开的酒吧餐饮一条街,这里与夫子庙的茶楼相比,显得有点新潮;与1912民国酒吧街相比,显得更加幽静。

那天晚上,我站在秦淮河边,路的旁边是南艺后门,可通往南京艺术学院古意森森的校园。沿着路向南不远处,就是大名鼎鼎的鬼脸城。在那里不但可见秦淮河畔一片迷蒙灯火,抬头也可见山顶上的电视塔发着微弱的光亮。说实话,我很喜欢眼前秋天的夜色,很喜欢这种城中的"野"景。

就在我左顾右盼找不到北时,终于见到迎接我的小博友子尧。她在前面引路,我在后面跟着——她先带我走进一家歌厅,然后穿过乐声震耳欲聋的大堂,最后来到后面的秦淮河畔。前方不远处,一个挂着灯笼的古色古香的房子出现在眼前。我怀疑这家茶馆的策划人,是不是有意制造这种强烈的反差效果,令我本能地想到"大隐隐于市"那句话。

这是一家非常中国的茶道馆。进门有中堂画、书法条幅以及古木香案,大厅墙上有宋元仿古画、《论语》语录、青花瓷,多宝阁上的茶叶罐,包括茶艺小姐的蓝印花

[禅茶经院——聆听秦淮河的秋水声]

禅茶经院茶馆大厅

布中装,都是中国的元素。尤其是大堂中间有一盆盛开的莲花,看到它马上就会让人安静下来。写到这里,看官不要"先入为主",以为这家茶馆肯定有些传统的"腐朽"气息,相反,整个环境很文化,很明亮,很艳丽,甚至有点金碧辉煌的效果。

那天晚上,茶馆大厅里很安静,那张书案前,一位穿蓝花布衣的茶艺小姐正埋头认真地"描红"——一笔一画练大字,这个久违的场景令我唏嘘不已。

据子尧向我介绍,"禅茶经院"的主人朱先生是一位居士,开这个茶道馆有点与众不同,赚钱不是第一位,而是与朋友们礼佛问道。像这里的茶艺小姐,忙的时候为客人泡工夫茶、聊茶道,闲下来的时候,可以自己泡茶、礼佛、看书。像写毛笔字,就是她们每日的功课,按她们的说法,只有静心,才能泡出好茶。

那天,整个大厅就是我一个客人,茶艺小姐为我们泡了一壶普洱茶。只见她把

满眼都是中国的元素

像枯树状的普洱茶叶放入紫砂壶,注水后,再将紫砂壶中的水缓缓倒掉。她动作轻柔、连绵不断,茶壶、茶杯在她手中翻飞自如,举手投足间,茶的幽香就散发出来——茶就是这么神奇,它能让你瞬间安静。

看着四周古色古香的环境,我突然觉得很奢侈,联想到苏童的小说《我的帝王生涯》,呵呵。

一直到今天,我还会不断回味那天独自坐在茶馆里喝茶的情景。那是一种微醺的感觉,普洱清香在四周散发开来,窗外的灯笼被风吹得有点摇晃,四周安静极了,我仿佛能听到外面秦淮河的水声——我以为南京的秋天,南京的味道,只有在这夜深人静的时刻才能体味它的妙处。

对了,那天晚上,我还有幸见到刚回来的茶馆主人朱先生。好客的主人,马上邀请我去他的书房小坐。在那间书卷气很浓的屋子里,我们一见如故,谈佛学,谈

古色古香的环境

文化。后来我们发现彼此与许多南京朋友都相识,比如古琴家张三,画家李四,书法家王五……后来,朱先生还热心地送我几本有关佛教方面的书,让我感受到悠长的古风。

记得那天零点时分,他们还邀请我参加茶馆里午夜的祭拜仪式,当一缕香烟升起时,我眼前的那盆莲花"今夜是如此美丽"。

就在我写这篇文章时,我特意看了西祠胡同上一个帖子。那是前些天七夕的晚上,"禅茶经院"举办的一次汉服品茶派对,从图片上可看见一群身穿汉服的帅哥靓女,正在茶艺老师的指导下学习茶道。刚开始,我还以为那些照片是电影剧照,后来才发现不是演员,而是现场实景,哈哈,可见茶文化和汉服的组合是件多么美妙的事情。据说,那天除了学习茶道,这些80后的年轻人还自编自演了一些节目,比如诗词配对,古风舞蹈,投壶游戏,拜织女星、文昌星,放河灯,等等。奶奶的(请允许我骂句粗话），这简直就是《红楼梦》大观园里的情景再现啊！

在这里，请允许我为那么多的热爱茶道、热爱中国文化的80后年轻人击掌。

据子尧的介绍，"禅茶经院"经常邀请文化学者、茶道高人来举办专题讲座，也不打广告，一般就是靠短信通知。因为真正快乐的事，是讲究缘分的，也无须说给别人听。

我的许多外地朋友都非常喜欢南京，南京的秋天也是最有味道的季节。其实，一个城市除了历史文化，除了山川形胜，最有意思的还是人。南京这个古城之所以有它的魅力，就是因为有许多"奇奇怪怪"的人，比如隐藏在都市一隅的小说家、画家、古琴家、书法家……包括像朱先生这样的人。也许他们与常人没有什么不同，一样的穿衣吃饭，一样的上班挣钱，但在他们的内心，却是如秋天的天空那样明澈和充盈。

瓦库茶馆
——寻找有瓦的记忆

不知是谁说过,在南京,哪怕你走错路也会遇到让你眼睛一亮的风景。不是吗?那天晚上朋友约我去一个叫瓦库的地方喝茶,从元通地铁站下车,穿过中央公园的绿化带,我竟有种身在美国华盛顿的错觉。传说中的瓦库茶馆就在中央公园对面的小桥旁边,这个场景让我立马想到那幅《竹锁桥边卖酒家》的命题画。

走进这个有着砖窑般形状的房子瓦库时,一种亲切的中国味道扑面而来。比如门口的石磨坊,走过沉木桥,进门迎面的汉瓦圆形墙,传达给你的是一种亲和古朴的味道。

我童年就生活在砖瓦的房子里,那时与小伙伴在天井里做游戏,可看见青瓦屋顶上慢吞吞走过的老猫;下雨的时候,屋檐上滴滴答答的雨声,让我没来由地就有了"少年乃知愁滋味"。而如今城市里满眼都是钢筋水泥高楼大厦,青砖黑瓦都快成为遥远而奢侈的记忆。

单从"瓦库"这个名字,就让我固执地认为这应是个喝中国茶的地方。整个场面让你感受到的完全是很中国、很乡村的东西。像店堂中间用瓦片叠起来的屏风,像放在地上的乡村石磨子,像悬挂在墙上的彩陶画盘,甚至柜子上那个吹唢呐的泥

瓦库6号茶馆外景

陶汉子,都散发着很纯粹、很质朴的泥土气息。

不过,我写到这里,看官把这里想象成农家小院的场景就错了。这里的砖瓦不仅具有实用性,更具有装饰性。那些朴拙的砖瓦、石头、藤艺家具、植物等,在各种光线的柔照下,呈现出来的场景竟像张艺谋拍摄的大片效果。一片瓦,一块砖放在这里,简直胜过珠光宝气的奢华。现在越来越多的人,对精神层面的追求,远远大过对物质生活的需要。

说实话,我很佩服像这样的设计师,能把人们行将消失的记忆重新唤醒。如今人们生活的"格"提高了,不仅是在喝茶,也是在喝环境。就像那天我们坐在瓦库里喝茶聊天,人一下子就有了心安的感觉。我相信这种人文记忆的复活和享受是不可复制的。有位老师说得更好:有瓦的日子,就是有温度、有湿度的日子。

几个月前,我有幸在南京先锋书店见到瓦库的设计者、著名设计师余平老师。

[瓦库茶馆——寻找有瓦的记忆]

"瓦库茶馆"大厅

陈列着古船的天井

余老师是个脸上挂着质朴微笑的中年人。我们过去见到的有些所谓大腕,与你说话时目光很游离,不像余老师与你交流时目光里写满真诚。其实余平老师完全称得上是设计界的大腕了,他是西安电子科技大学的副教授,还是全国杰出设计师、全国第二届室内设计大展的金奖得主,等等。

我有幸在瓦库茶馆的墙上看到余平老师的摄影作品,在他的镜头里,那些荒芜的百年老屋、砖窑、山道、女人和狗,都是带着浓烈的感情色彩的。最难能可贵的是,余平的目光是平视的,正如他所言:我不会惊扰那些原始古镇的美,只是静静地去体会。正是在这种情怀的抚慰下,那些图片里弥漫开来的气息深入人心。某种程度上,这些摄影作品完全可以作为解读瓦库设计内涵的说明书。

据余老师介绍,瓦库已在西安、郑州等地有了几家茶艺馆,比如1号、2号、5号,而南京这家叫瓦库6号,前段时间,在南京熙南里也新开张了瓦库8号茶馆。

那天我们在瓦库喝茶,还见到了端庄秀丽的茶馆老总刘女士,她告诉我们,当初夫妻俩就是在去西安旅游时发现了瓦库,惊为天人。再后来就与余老师的设计团队有了良好的合作,诞生了南京瓦库6号和8号茶馆。

那天晚上,我拿着相机在里面贪婪地狂拍,之所以用贪婪这个词,因为眼前重现的农耕文明、自然记忆、怀旧气息都是我迷恋的东西。比如天井里那艘古旧的渔船,在灯光的照射下,呈现出来的沧桑、凄迷之美;比如眼前墙上悬挂着的瓦,写满来喝茶的作家、艺术家、诗人随手涂鸦的文字和绘画,在那些瓦片上,我很轻易就找到了南京作家张三、画家李四、诗人王五等人的名字。

青砖黑瓦都快成为遥远而奢侈的记忆

看见世界书店风景的咖啡馆

南京先锋书店太有名了,以至于许多慕名而来的客人,走到五台山体育馆大门附近会心生疑惑:是这里吗?这个建立在巨大防空洞里面的书店,有点像陶渊明描写的《桃花源记》:"山有小口,仿佛若有光……复行数十步,豁然开朗。"

刚落成的先锋艺术咖啡馆就坐落在这个 4 000 多平方米的空间里。这个被称为"能看见世界书店风景的咖啡馆",走进去有一种温暖感觉,比如 300 多平方米的独立空间里,整个色调是红色的,包括那些灰色的布幔,方格桌布,舒适的沙发,以及那些小装饰艺术品,都会给你家的感觉。咖啡馆要讲究舒适,首要条件就是要留住人。这里有非常抒情的背景音乐。这些书橱里的藏书,都可让你像在自家书房里随意去翻阅,轻松地阅读。

那天下午,与我喝咖啡的是南京两位媒体朋友,在另一张桌上是钱总和几位台湾作家在交流,而在更远处的一个角落,一对小情侣在那里卿卿我我。我相信在这家咖啡馆约朋友喝咖啡是很有面子的,因为除了交流之外,更在乎的是那些书香气息。

先锋书店作为约会地点,可谓是历史悠久。记得当年先锋书店在广州路二楼,我们去半坡村参加活动都是先在先锋书店集合,还记得我给某作家送稿费和样刊,

咖啡馆最有卖点的是墙上的近百张照片

都是约好在书店接头。现在一晃十多年过去了,"约会在先锋"已成为许多读者的生活习惯。

那天聚会,我有幸见到了艺术咖啡馆的设计师陈卫新。"在书店里建咖啡馆,就是看重人与书的认同感。咖啡馆是要留住人的,在设计上运用暖色调就是给人舒适度。但也不能是温柔乡,比如现在墙上分割线的运用,灯光的搭配,就是让你感觉到地下的涌动力量。而那些布幔可以任意移动、分割不同区域,来保持咖啡馆的私密性。"陈卫新如是说。

先锋艺术咖啡馆最有卖点的是墙上的近百张照片。这些都是店主钱小华近年考察访问英国、美国等国家近100家世界优秀书店时,亲自拍摄的图片,它让你觉得先锋书店就是世界书店中的一员,站在这里会有与世界书店对话的感觉。

那天,钱总指着那些图片对我介绍,这是英国查令十字街书店,那是美国城市之

[看见世界书店风景的咖啡馆]

站在这里会有与世界书店对话的感觉

先锋书店老总钱小华

光书店等。关于他去考察书店的故事很多,比如因为不会英语,差一点在纽约大街上走失;还有一次在英国,急性肾结石发作,差一点在异国他乡丢了性命。这个爱书店如命的男人,朋友们都说书店就像他儿子,虽然他现在还是单身。

先锋书店每年都举行近百场的主题讲座,主讲人都是来自全国和世界的专家、学者、作家、编辑、设计师、艺术家。如果说那个先锋剧场是前台的话,那么咖啡馆就是后台,许多创意和策划就是在这里出炉的。

凡是成功的咖啡馆,不单是喝咖啡的场所,更是心灵休息的地方。可能我们喜欢赖在这里,就是图那种看不清摸不透的"艺文"气息。就像我们写文章,不仅仅是表达到位,更在乎的是文章里散发的情致。在先锋艺术咖啡馆,这种情致随处可见:在这里你可以不经意遇到好久不见的朋友;在这里有专为读者准备的留言簿,你可以任意写字或涂鸦;你坐在这里喝茶,周围的客人包括服务生都是让你"顺眼"的人。

"假使时光倒流20年,我会在那本留言簿上偷偷写上暗恋女孩的名字,许多年雨打风吹后,我会来到这里翻开那本发黄的留言簿,当看到那个名字时就像被电击中一样。"这段文字不是我编的,而是那部我想不出名字的小说的结尾。

廿一熙园
——现代版《韩熙载夜宴图》

那天晚上,省昆柯军院长请我们吃饭,让我们有幸见识了那个古色古香的院子。虽然那句"刘姥姥进大观园"已经被人用滥了,但在这里请允许我厚着脸皮再用一次,因为只有这样才能表达出我进门时的那种震撼:比如门庭里的16米的红木屏风,比如天井里那座几百年的老戏台,比如坐在楼上那个古色古香的包间,比如墙上的昆曲人物装饰画。

廿一熙园作为甘家大院的别院,保持了它的兼容并蓄的建筑风格,既有北方的端庄浑厚,又不失南方的精巧细腻。与苏州、扬州的民居比,少了些脂

廿一熙园

粉气；与徽州民居比，它简洁质朴，没有烦琐的雕琢，体现的是清静淡泊、内敛低调的文人精神。比如它的门头砖雕不铺张雕琢，简素得恰到好处，其实"恰到好处"是审美的最高境界。

我算是个"伪昆虫"，以前都是在朝天宫兰苑舞台上看柯院长的演出，不过台下的柯院长比我两年前看到的似乎更年轻。这些年在我眼前晃过许多影子，如作家、艺术家、画家、琴人、设计师等，凡是喜爱读书的人都显得年轻，这似乎是个规律，可见养心就是最好的养生。记得那天我两杯酒下肚，只见满桌都是可爱之人，满耳仙乐四起，恍惚进入《韩熙载夜宴图》的画面。

当年写"一江春水向东流"的南唐李后主，为了摸清大臣韩熙载的真实心态，派画家顾闳中潜伏韩宅中，充当了一把摄影师，把韩熙载纵情声色的夜生活忠实记录下来。多少年雨打风吹去，许多帝王将相我们都模糊不清，唯独夜宴的温暖场景却永远被我们记住。

这时楼下的省昆折子戏《牡丹亭》已经开场，大家就靠着二楼栏杆看戏。这个格局有点像周庄古戏台，我戏称正中那把交椅就是沈万三坐的，呵呵。不过后来我还是跑到楼下去坐了，因为当晚演柳梦梅、杜丽娘的，是我非常喜欢的钱振荣、龚隐雷老师。楼下也只有几排位置，分明就是古代堂会的模样。我坐在太师椅上，享受了一把"老爷"的待遇。

我曾看过几个不同版本的《牡丹亭》，相比之下，省昆这个版本的《牡丹亭》虽然是写意，却很连贯，也保持了原汁原味。虽然我们的身心已被现实磨得很迟钝，但当遇到比如"情"的东西，尤其是"痴情"的东西，定会毫无例外地被打动。更令人感动的是，纵然那天台下观众很少，但台上的演员依旧一丝不苟，非常投入，正如柯院长强调的："哪怕只有一个观众，演员也是这样投入的。"

这次来廿一熙园，才知道这里就是被称为金陵第一大宅的甘熙故居的别院，占地1 700平方米，与隔壁甘熙故居联成一体，难怪走进去都是一样的古意森森。天井中间那个老戏台，传说中就是甘家用过的。甘家不仅是书香人家，也是票友世家，不但京剧艺术家梅兰芳与甘家有过很深的交往，而且甘家还出了一个唱"树上的鸟儿

[廿一熙园——现代版《韩熙载夜宴图》]

成双对"的黄梅戏演员严凤英。

中国文人的园林与绘画一样,其核心是隐逸文化。那天,我与担任廿一熙园的设计师陈卫新老师作了很好的交流。

"建筑本身还是要依照过去的模式,样子不能变,但是我们身边所用的一切都是现代的。因为我们是现代人,身在一个古典的环境欣赏古典戏剧的时候,我们一定

隔水相望,古戏台上的演出就有了似梦非梦的感觉

199

是以现代人的心态、现代人的途径去欣赏过去的东西。"

廿一熙园整座房子的核心是古戏台。四周是传统四合院的样式,隔扇门窗、栏杆挂落、门罩砖雕,都恰到好处。包括那些可以品尝"金陵美食"的包厢,无论是家具的选择、室内其他物件的搭配、灯光的合理运用,甚至传统楹联"点题"的功效,都是为了呈现像李渔笔下"闲情偶寄"般的生活。

让人佩服的是,戏台上不仅保留了"观演"的传统格局,舞台上还有LED大屏幕,配合着剧情不断出现相应的写意场景、水墨三维动画、名家书法等。舞台下也有播放演员唱词的中英文字幕,哪怕你是不懂中文的老外,也能欣赏得如醉如痴。

当初陈卫新坚持在舞台前设计了一片水池,用他的话就是:"水是柔情的,它能消化掉坚硬的东西。"这样观众隔水相望,台上的演出就有了似梦非梦的感觉,也符合声学有效传播的原理。

廿一熙园除了演出中心的北院,还有一个稍小些的南院,这样就形成一动一静的对比。那天我们从那个歌舞升平的大院,穿过回廊来到南院时,人突然就安静下来:只见院内假山鱼池,窗前芭蕉;天上星空,清风拂过。人在这里隐约可听见北院演出的箫声,这样的清空不是一种单调,而是人生的充盈。

不过,那天最让我感兴趣的是东北角还有一个袖珍的小天井,里面有一眼古井,墙上还有砖雕神龛,墙角有古藤爬满粉墙。陈卫新告诉我,当初特意保留这个小天井,就是让客人有个独处、排遣心绪的空间。"无事此静坐,一日似两日。"不知为什么,他说这句话的时候,让我想

粉墙黛瓦

[廿一熙园——现代版《韩熙载夜宴图》]

二楼是个供客人休息的书房

起南京画家徐乐乐的画,她选取的就是那些古人日常生活的典型瞬间,或发呆,或陶醉,或失意,或惆怅,却直指人的内心世界,让人怦然心动。

沿着旁边的木楼梯,二楼是个供客人休息的书房。只见里面明式家具俨然,山墙放着书橱,桌上是文房四宝,旁边琴几上是一架古琴。中国文人理想的生活场景就是这些了,当然如果有红袖添香就是梦幻版的《西厢记》了。我特别喜欢推开那个窗户,可见四周的屋脊,一钩新月天如水。

自古以来,江南就是一个让人魂牵梦绕的地方,它的"魂牵梦绕",就在于精致的文化和艺术。如今在现代喧嚣的都市里,还能在像廿一熙园的老房子里,上演古老的昆曲,品尝精致美食,体验建筑艺术,这种能让人心安的地方,借用刘半农先生的诗——"教我如何不想她!"

(本文摄影:陈卫新)

柴门茶馆
——袅晴丝吹来闲庭院

柴门茶馆

那天下午，我去南京中央路创意中央产业园区的柴门茶馆参加"柴门曲会"，因为记错时间竟然迟到了。"柴门"是近年新开的一家茶馆，因为定位和设计都特具文人气息，所以在南京朋友圈可谓声名鹊起。

当我走进那个低矮围墙隔断的院子，看到那座粉墙黑字的"柴门"时，眼前是一幅难得的简素画面，古旧老门，铺满沙子的院子需踏着条石前行，让人一下子就联想到"枯山水"的意境。尤其在门前还有一只宋代的石吞，暗合了唐诗"柴门闻犬吠，风雪夜归人"的意象。

走进那间叫"满目青山堂"的厅堂里,明式的条几、机凳,墙上古朴气息的书法,还有随意点缀的山石、文玩、书籍、兰草等,散发着一种古逸的气息。我特别欣赏"舞台"背后墙上那幅"不此不彼,不智不愚"的摩崖拓片,可谓是为这个空间"画龙点睛"。

曲会以惯例的《牡丹亭·皂罗袍》合唱开场,昆笛响起,曲声悠扬,仿佛外面的春光一下子在人们心头荡漾起来。南京这种自发的民间曲会是从2004年10月开始的,发起人是罗拉拉等朋友,如今已经进行了12年。紧接着龚隐雷、彭林刚、王斌等专业演员轮番上场,非常投入地拿出他们的各自绝活,让场下笑声掌声不断,气氛非常热烈。同样,毕业于苏大中文系昆曲艺术本科班的孙芸律师、媒体人、京昆票友陈薇亦等也有非常出色的表演。

文人空间,古朴气息

那天,著名文化记者、主持人罗拉拉以她的专业素养,恰到好处的现场解说,让现场气氛更加放松。比如她请龚隐雷和王斌上场,现场演绎《牡丹亭·惊梦》中杜丽娘和柳梦梅初次见面的场景,两位老师边表演边解读,并加以表演程式的"定格",把青春男女之间那种羞涩、喜悦、怀春的情绪表达得淋漓尽致,让现场的朋友们特别过瘾。

在生活中,我可谓是一个伪昆虫,这些年随着对昆曲的认知,让我知道昆曲的魅力不仅展现于舞台的演出里,同样也体现在这种雅集的聚会上,其实审美都是靠一点点熏出来的。就像那天,我的媒体同行张叶和陈薇亦合作表演了京剧《四郎探母》,也是让人惊喜,可见"文化素质"是人的本钱,往往会在节骨眼上出来帮你。从欣赏角度来说,像这种现场即兴表演的曲会更能让你体会艺术的妙处。

那天下午,整场吹昆笛的迟老师特别辛苦,孙芸回忆,迟老师每次曲会逢请必到,她曾亲眼看见"他在灵谷公园吹笛时引来百鸟驻听,笛音如人品"。在他旁边是柴门主人陈兴年,他一直认真用电脑播放专为这次昆曲雅集而准备的唱词PPT,不但让现场朋友们感受到昆曲的表演美、舞蹈美,同样也展示出昆曲唱词的文学美。

同样,现场参加曲会的朋友们也是一道风景,他们当中有昆曲研究者、作家、画家、设计师、戏剧教授、导演、美术馆长、媒体人以及昆曲爱好者,其中还有孩子。说实话,我当时在现场就经常走神,感谢现场的昆曲名角、名票放低自己的姿态,不辞辛苦做这种昆曲普及工作,让过去这种只有在明清、民国年代大户人家才能享受的曲会待遇,如今在这里就可以实现。我想,这就是南京这座城市的"六朝烟水气息"吧!

记得那天,我和民国文化研究者罗羽、昆曲资料收藏家李宏交流,如今社会上有一种误读,提起昆曲总是"咿咿呀呀",好像总是和"柔软"、"曲高和寡"连在一起,往往忽略了昆曲对人内心滋养的作用,像写《陶庵梦忆》的张岱、写《长物志》的文震亨等文人,他们的内心非常刚烈,爱憎分明,甚至不惜以个人的声名和性命来维护读书人的尊严,我想这些与昆曲艺术的滋养是有关的——学问用在自己身上才是真学问,文化和艺术的作用就是把人还原成人。

那天中场休息时,我的朋友、担任柴门设计的陈卫新老师还带着我们去了后面的院子参观,里面除了有月亮门、山石、盆景、竹篱笆等中国元素,还分别种上了春梅、芭蕉、红枫、竹子、茶树、榉树。陈老师说,当初设计除了大门前的冬院,这里依次设计为春院、夏院、秋院,这种有意隔断的三个小院,就是为了产生曲径通幽的感觉,就连院内那株高大的广玉兰,都是当时特意留下来的。

我特别喜欢后院子里的一排喝茶的空间,名字就属于文人的,比如"雪堂"、"云舍",其中有间茶室墙壁的下端,特意设计一条长长的玻璃窗,这样把院子里的石笋、芭蕉、南天竺和牡丹,"剪裁"成一幅中国画,不仅透光,更是自成风景。院子里面最大的屋子叫"檪庐",适合十来个人坐下来喝茶,里面的陈设也特别朴素,墙上拙朴的章草体心经,简素的茶具,案上的清供,整个气息都是对的,让人联想起《遵生八笺》和《长物志》的场景,这里与其说是喝茶的包间,更像是读书人的书房,让人觉得特别亲切。

利用窗户把风景"剪成"中国画

记得有一次和柴门主人陈兴年喝茶,他谈到"柴门"定位时让我非常感动,他说,文化定位是需要坚守的,我们所做的这些事情,就是想要影响人,让更多人喜欢上这个东西。我们期望"柴门"是一个不断生长的状态,就像一棵树,慢慢扎根、慢慢地长大。

那天曲会结束时,参加曲会所有的人在柴门茶馆前合影,当那位年轻的摄影师站在矮墙上高喊"一二三"时,我竟有些走神和恍惚,突然想起"袅晴丝吹来闲庭院,摇漾春如线"那句唱词,不知眼前的场景是不是一场梦?

钞库街 18 号
——秦淮河边的金陵春梦

这些年我写南京,最喜欢用"恍惚"这个词,在这个城市生活许多年,我经常会有找不到北的"恍惚"感觉。就像那天晚上,我被朋友约去夫子庙一个叫"钞库街 18 号"的地方。那天可能是开业庆典派对,里面灯火通明,歌舞升平,香槟美酒,气氛很是热烈。印象最深的是有几位穿白色长裙拉小提琴的美女,琴声悠扬,那个场景有点像是参加上海某个风尚派对,跟古色古香的夫子庙完全不搭。

第二日晚上,我的朋友、著名专栏作家刘原老师正好下榻这家"钞库街 18 号",让我有机会来重新来认识这家让我"恍然如梦"的酒店。

钞库街是一条不起眼的老街,它其实与李香君故居是同一条街,只是中间被瞻园路穿过,就像那天我乘车和司机说去李香君故居,车只要在瞻园路口停下,然后往南走十几米就可找到"钞库街 18 号"。

钞库街相传为明初国库所在地,明洪武七年(1374 年),朱元璋下诏设宝钞提举司,下设钞纸、印钞二局,宝钞、行用二库。这种"大明通行宝钞"是当时流通最广的货币,长达 150 年之久,难怪我小时候玩"滚铜钱"时就玩过那样的铜钱。

钞库街在清代还改过叫沉香街,相比之下,我更喜欢沉香街这个名字,这里面有

钞库街又名沉香街

个爱情八卦故事更让人提神：浙江嘉兴书生项元汴来夫子庙游玩时，爱上了一个妓女，离别时那位姑娘拉着他的手，眼泪哗哗的，一副难分难舍的样子，让这位痴情男人回嘉兴后，为了不辜负这份纯情，不计成本用沉香木做成一个精致玲珑的卧床，用船装好来南京见这位姑娘。没想到来妓院时这位姑娘居然不认识他了，书生一气之下，当场把沉香木卧床放火烧了，一时间，满街香气缭绕，从此这条街被人叫作"沉香街"。这个故事告诉我们，无论男人还是女人，用情要专，否则就会落得这样"焚香"的下场。

"钞库街18号"的门口一点不张扬，就是从一个小边门进去——想想也对，考察古往今来的名人故居都是低调朴素不张扬，只有暴发户才会把门头做得金碧辉煌，生怕人家不知道他有钱。

走进大堂，整个空间像一个大酒吧，迎面像艺术馆，绕到后面又觉得像茶吧；中间有个可以看见二楼的中庭,里面有点像博物馆;最为点赞的是后面的一排包厢,用现在的话来形容是"很妖",与窗外的秦淮河形成强烈反差。

那天,我还有幸见到"钞库街18号"的主人宋溪先生。宋总算是多年的老朋友,那年我去参加他主持经营的扬州小盘谷开业,有幸在那个昔日扬州大户人家住了一个晚上。那个园林的夜晚真是美妙,仙乐飘飘、美酒佳肴、更有明月朗照,尤其曲终人散后,自己恨不得心甘情愿被这个私家园林里的狐狸精勾走,从此可以天天过上神仙的日子。后来我还写了一篇拙文《小盘谷:藏在深闺人可识》,记录当晚与小盘谷的种种"艳遇"。

扬州被已故画家好友韦尔乔称之为"宋词般的城市",这些年,只要提起扬州就会让我想起小盘谷,一个地方能无端地让人想念,可见宋总他们工作做得多么到位。

闲话少说,切入正题。宋总说:你看我们这个酒店有点"四不像",其实它是一个"酒店家"的概念,或者是"生活馆"的概念,就是把"客房"、"餐饮"、"卖场"、"休闲"有机结合起来。就像你看到的大堂,几乎没有大堂的影子,我们把这个本来只是客人走动的空间利用起来,不仅成为中餐厅、西餐厅、酒吧、下午茶的区域,还会展示家具、装置、艺术品等,让空间成为真正意义上的生活馆。

"你注意没有,我们除了雪茄吧是封闭的,整个空间都是敞开的,没有隔断,你可以随意走动。"

那天,我借去洗手间的机会,拿着手机在大厅转了一圈,觉得这里真是可以留住人的,这个空间就像是一本有趣的书,你可以随时停下来阅读。比如那些古玩艺术品,那些艺术画作,那些花花草草,在灯光映照下有种置身在"伊甸园"的感觉,尤其是那架老式钢琴配上烛光点点,让你有误闯到哪位绅士或淑女房间的错觉,有一种居家般的温馨。

我特别欣赏大堂里这种"不隔断"的思路,它最大的好处就是人与人之间的"互为风景",就像那天我们几个朋友坐在卡座里喝茶聊天,不仅可以看到不远处三两位漂亮女子坐在那里喝茶(让你产生美好的遐想),还可以对着窗外发呆,因为你知道窗外秦淮河水在静静地流淌。

楼下可喝茶的"生活馆"

那天与宋总聊天,他特别提到那面墙上展示的"九九八十一件"传统木工工具。宋总说,我是手艺人,对匠人有一种特殊的情感,当初他坚持把一楼到二楼的空间留出来建成现在的"中庭",作为手艺人产品的展示空间——用这种方式向匠人精神表达敬意。事实上,开业以来,在这里已经举办了ROUND ROUND时装秀,电视主持人周舟"闺蜜鲜花下午茶"和阅读好书等活动,这些尝试,就是想实现宋溪的一种"社交生活方式的体验平台"。

宋溪是个非常有想法的男人,他是学新闻出生,30岁成立了自己的影视制作公司,40岁时跨界进入空间设计业,后来不但做成了扬州小盘谷,如今又开创出全国首家生活家酒店,这个"追求像风一样的感觉"的男人,最值得我们赞赏!

记得那天晚上刘原老师来了之后,我们几个朋友移步到二楼去吃饭,没想到二楼风景更是大不同,你不仅可以吃上美味佳肴,还可以从二楼窗户居高临下看到桨声灯影的秦淮河,尤其是那天晚上下起了雨,窗外万家灯火,朦胧诗意一片。

我第一次发现原来夫子庙的夜景可以这么美。

据说,那天晚上,宋总给刘原老师安排一间楼上最"骚"的房间,出于好奇,我后来借帮送行李为名,还进去小坐一下,真是"骚"——就像是建在二楼的"廊房",宛如刘原在专栏里所描写的"凭窗近眺,秦淮河的画舫川流不息,晚上洗澡,总觉得秦淮八艳蹲在对面的屋檐上望我……"呵呵。

据宋总告诉我,二三楼一共有40间客房,请了7位设计师,针对7种户型设计了7种风格,就是想为客人提供不可复制的居行体验,其实人到这个世界上来图什么,还不是图多看些风景,多一些生命的体验。来到南京,来到秦淮河,也许只有真正来到这样的典型场景里面,才能找到"烟笼寒水月笼沙,夜泊秦淮近酒家"的感觉。用宋总的话就是:站在当下,回望历史——这话是多么牛X!

370年前,有个叫文震亨的苏州文人写了一本《长物志》,里面就写了室内布置、花木水石、书画器具、品茶识香等,这些东西对世俗的人来说,似乎是没有用的余

二楼的客房

二楼窗外的秦淮河

物,但却可以从这些喜好中观察人的风韵、才气和情怀。也就是说,如果你有这种审美的情趣和意识,人的精神世界就大不同。

感谢秦淮河畔的"钞库街18号",你的存在,让我们有了可做"金陵春梦"的无限可能。

（本文摄影：钞库街18号）

甘熙故居
——昆曲书香大宅院

在南京升州路与中山南路交界的区域,有一个大宅院叫甘熙故居,200多年来静静地掩藏在平常巷陌之中。如果说,北京故宫是最大的宫廷建筑,曲阜孔府是最大的官府建筑,而甘熙故居就是最大的民居建筑。

甘氏为金陵望族。从严格意义来说,甘熙的父亲甘福是故居的创始人。甘熙是甘福的次子,为晚清著名文人,平生著作甚丰,比如那部丰富金陵掌故的《白下琐言》就是他写的。称为甘熙故居更多也是一种对文化人的尊重,就老城南人而言,更多称为甘家大院。

甘熙故居号称"九十九间半",其实甘熙故居总共有房间300多间,只是低调不事张扬罢了。

从南捕厅15号大门进去,就可以看见那座传说中的"友恭堂"。这个出自《三字经》"兄则友,弟则恭"的堂号,也是甘家历代传承的家训。据甘家的后人汪小丹女士回忆,几代人和睦相处,居住在一起,兄弟姐妹彼此体贴爱护,一辈子都没有红过脸,可见这个家训的含金量。就像我们看到的"友恭堂",整栋建筑装饰质朴、文雅,毫不奢华,跟"友恭"的气息是对的。

"友恭堂"的"友恭"二字是甘家历代传承的家训

甘熙故居并非徽派建筑，也不是完全的苏式建筑，而是有着更多的南京建筑特色的宅院。整个建筑反映了金陵大家士绅阶层的文化品位和伦理观念，讲究数代同堂，和谐相处。宅第的规模庞大、等级森严，各类用房的位置、装修、面积、造型都具有统一的等级规定。尤其在设计上讲究风水，传说院子里曾有32口水井，现在已发现恢复的水井有9口。这些不仅是方便用水，也有风水的因素。我们在院子转了一圈，院内有藏书楼、家庙、书房、花园等，可谓是足不出户，就可以过自己的小日子。

"友恭堂"里有一副楹联："孝义传家政，诗书裕后昆。"如果说甘熙故居是一篇大文章，这副楹联就是"文眼"了。

甘熙故居最值得称道的就是在后花园里的那座叫"津逮楼"的藏书楼。虽然甘家祖上是经商起家，但一直以读书为荣，更把藏书教子作为治家之道。相传甘福、甘

[甘熙故居——昆曲书香大宅院]

"津逮楼"为甘家藏书楼

熙父子曾遍访吴越,收集书籍数十万册,仿宁波天一阁建成了津逮楼。当年藏书楼有许多珍贵的善本、孤本,还有珍稀的金石书画藏品,成为金陵第一藏书楼。"津逮楼"与别的藏书楼不同的是,一是对外开放,亲朋好友可以来读书、借书;二是刊印出版许多所藏善本秘籍,来传播文化造福后人。

南京历史上是个多灾多难的城市,甘熙故居历经太平天国、侵华日军南京大屠杀、"文革"等浩劫,却能相对完整地保护下来,不能不说这是个奇迹。

在太平天国那场浩劫中,津逮楼毁于兵火之中,十多万的藏书损失大半以上,其余的藏书也被甘熙的堂弟甘元焕置放在自家的二楼上。其实,甘元焕有心恢复"津逮楼",却依旧力不从心直至去世。后来这批书籍就堆放在无人居住的楼上近100多年。

1951年夏天,由于历史原因,甘家搬离故居。在处理书籍过程当中,书贾马兴安上门看货和议价,同去的还有水利专家赵世暹和绸布商朱某,当时因为主人不在家,竟被书商以每斤二角钱的价格"买"走了一批书籍,其中就有三十卷的宋刻《金石录》和明万历版的《江宁县志》。后来也是赵世暹有心,发现书中夹有签条,上有批字曰"此书版本绝佳,疑是宋版"。书贾马兴安、绸布商朱某方知可能是宝贝,便争夺起来。赵世暹说,如是宋版,应该捐给国家。赵世暹就携书专程去上海请著名版本学家张元济鉴定,又被国家文物局局长郑振铎亲自带到北京,后来这套被称为"国宝"的龙舒郡斋本《金石录》(30卷本)就收藏在北京图书馆(现在的中国国家图书馆)。

《金石录》是宋代李清照的夫君赵明诚所著,是北宋以前传世钟鼎碑版等金石文字比较全面的集录和研究专著,在中国金石学史上占有重要地位。这本书还有李清照所写的《金石录后序》,文字情真意切,记录夫妻患难与共的流离生活。

甘氏家族除了读书、藏书,也是昆曲世家。文化这东西都是相通的。20世纪30年代,被称为"江南笛王"的甘贡三,从小就受到中国古典文化的熏陶,虽然就读中央法政大学经济科,却醉心戏曲,酷爱昆曲,诗词书画、戏曲音乐无所不精,不但擅三弦、琵琶,更精于笙、箫、笛,还把昆曲工尺谱改为简谱,便于普及。甘贡三还与"红豆馆主"爱新觉罗·溥侗把甘家大院作为"南京新生音乐戏曲研究社"的活动场所,当时不但吸引梅

"昆曲书香"是甘家传承的法宝

兰芳、马连良、俞振飞、奚啸伯等戏曲名家经常来交流,还有像林散之、唐圭璋这样的知识分子也来参与曲会活动。

抗战爆发后,甘家在家长甘贡三的带领下离开南京,前往重庆避难,只留甘家三子甘律之独自留守南京看护家宅。甘家本以为大宅院肯定会被日本人霸占或者损毁,没想到苍天有眼,竟然让甘家大院在战火中存留了下来。

同样,20世纪50年代,正是甘家大院被部队征用,以致在"文革"十年浩劫中因为是"军事重地",房屋并没有被破坏。据老城南居民回忆,甘贡三生前因为德高望重,为人善良,新中国成立前不少贫民住在他家房子里都是无偿的。每至夏天,甘老又经常吩咐全家人做"十滴水"救助街上穷苦人,在社会上有良好的口碑。直到1992年,院中的一百多家住户陆续搬走,这才恢复了甘家大院的旧貌。

如今甘家大院整修恢复原貌的有南捕厅15号、17号、19号,并以此分三大陈列主题。15号是南京传统民居厅堂展示,游客可参观门厅、大厅、内厅、主人房、佛堂、洞房、闺房、书斋等,体会清末民居的居宅理念。17号展示南京地区民俗技艺,展示现场有老艺师表演皮影戏、泥人、魔术、九连环、剪纸等,游客可当场学艺。19号的南京传统民居图片展,有秦淮河的河房河厅建筑、多进穿堂建筑,以及精美的木雕、砖雕、石雕等建筑构件,这些都是研究南京地区明清民居的宝库。

据汪小丹女士回忆,童年记忆里甘家大院总是有吹拉弹唱的声音传出来。甘贡三一直倡导家族子女都要学习昆曲,像甘贡三五个子女中,长子甘南轩、次子甘涛、三子甘律之、长女甘长华、幼女甘纹轩不仅成为昆曲名家,更为昆曲的传播贡献出毕生的精力,其中甘涛成为民乐一代宗师。昆曲文化还有间接的影响力,比如长女甘长华的先生汪剑耘师从梅兰芳,成为"南京梅兰芳"之誉的艺术家。三子甘律之的妻子严凤英,正是在甘家受其艺术的影响,成为黄梅戏著名表演艺术家。如今甘家大院里,还保留甘律之和严凤英当年的"爱的小屋",可叹严凤英在"文革"中被迫害自杀,当时的军代表造反派居然惨绝人寰地分尸,看内脏里是否藏有"发报机"。

前不久,在甘家大院刚刚举行过南京昆曲社成立60周年的展览和雅集活动。这个由甘贡三先生及一批文人创立的昆曲社,"文革"之后继任社长分别是甘贡三

严凤英故居

南京昆曲社就坐落在甘家大院

的长子甘南轩、爱新觉罗·溥侗的女儿爱新毓嫮,而现任社长是甘贡三的外孙女汪小丹。60年来,昆曲社培养和影响了一批批高素质的票友,推动了海峡两岸的文化交流,"南京昆曲社"也成为南京城市文化名片。实践证明,昆曲不仅能传承文化,也能熏陶性情、培养人才,是文化有心者通往古典文化艺术的一条秘密通道。

1842年,传说甘熙在京城礼部任官时,奉命为道光皇帝重选墓陵,1852年,又奉命复勘墓址。为皇帝选墓址自古是高危职业,相传甘熙临终前曾托他的密友带给家人一句话:"千万不要忘记吾有那盏雁足镫(灯)。"可是160多年过去了,这12字的遗言至今无人弄清含义,这也成为这个家族的最大的谜团。

但是,甘氏家族的"友恭"精神,甘熙故居所承载的"昆曲书香"就像灯火一样,温暖人心。

寻找清魂
——走进老城南王伯沆故居

那天,去老城南边营找国学大师王伯沆的故居还真不太好找。其实这座青砖老屋就在边营路边,只是我们被周围高大的建筑和树木分散了注意力。

走进这座青砖黑瓦的老房子,竟有种居家般的亲切。院子里长着零散的竹子,路边盛开着几乎要碰到你的凌霄花,墙边也是藤蔓疯长,那些花盆就那么随意地放着,内院墙门旁挂着一块"王伯沆、周法高纪念馆"的牌子,与院墙边的竹叶很是匹配,朴素且清幽。

这个以翁婿两人命名的纪念馆,

朴素且清幽的王伯沆故居

王伯沆之女王绵

是王伯沆的女儿、周法高的夫人王绵女士于1998年创办的。其实,当初王绵女士奋力与拆迁建房的开发商抗争,并利用海内外的舆论压力,就是因为这里是王伯沆的祖居,王伯沆先生、继室夫人周育卿、女婿周法高、女儿王绵都长期在这里生活,用现在的话来说,是一座不可复制的、原汁原味的名人故居。

王伯沆(1871—1944年)名瀣,一字伯谦,晚年自号冬饮,是清末至民国年间著名的国学大师。曾先后执教于两江师范学堂、南京高等师范学校、金陵女子大学、东南大学、中央大学等院校。可能因为王伯沆一生坚持"述而不作",所出版的专著不是很多(其实有许多著作未能出版),但提到他的学生,却都是如雷贯耳的著名学者,比如陈寅恪、王驾吾、张其昀、潘重规、束世徵、卢前、陈训慈、高明、段熙仲、唐圭璋、常任侠等多人。这些名字你用百度搜一下,都是那个时代的学问大家。

故居现有青砖小瓦旧屋两进各三间,前后都有院子。第一进是纪念馆,东首房间是王伯沆生平陈列室(据说就是当年王伯沆的书房),西首房间是周法高生平陈列室。在客厅里除了挂满字画,最为显眼的就是放在一旁的那块王伯沆先生的墓碑。

那天我们在后面一进的房子里,见到从台湾回南京的王伯沆女儿、现年88岁高龄的王绵老人。王绵老人看上去比想象中精神要好,不断地招呼我们:"寒儒之家,一点纪念而已,没有什么可看的!"后来因为要拍照,老太太还特意换一件红色的衣服来与我们见面。

那天,我们就坐在前进堂屋里,听这位老太太讲父亲与陈三立家的交往,讲父亲与金陵刻经处杨仁山的感情,尤其是讲到她为了寻找父亲的墓碑,为了保护这座房子,以及这些年以这样的高龄,"傻人做傻事"来为父亲印刷手稿吃尽苦头等等,让我们看到一位女儿对父亲绵绵无尽的爱。其实当时我们与这位白发老人近在咫尺,却有着强烈的"有心无力"的感觉,只觉得当时堂屋里是一片寂静……

我们从他的弟子王驾吾所写的《冬饮先生行述》中,大概知晓王伯沆祖籍溧水,明末迁入南京,祖父和父亲都是读书人,"俱有隐德"。王伯沆从小就非常聪颖,读书过目成诵。母亲陈氏是浙江海宁人,好读明史,经常与儿子讲晚明忠烈的故事而流下眼泪——可以说,王伯沆从小就埋下了忠烈的种子。

王伯沆性情恬淡,幼丁时艰,能勤学精研坚贞自矢。及长,其道德文章已经为时人所誉。当时他与章太炎、柳翼谋等先生有深交。说实话,文人交往也是对等的,可见王伯沆的起点就很高,当初他能去陈三立家当陈寅恪弟兄的启蒙老师,可见其学问的扎实。

当年在中央大学,王伯沆以讲授儒家经典而闻名,人称"王四书",他讲四书五经,说理透辟,旁征博引,妙语如珠。据许多人回忆,听课时常常是"室外窗前,皆听讲者也"。

王伯沆遗物大多为古籍善本、手抄本,在他的展厅里有几个大书柜,里面放着满满的线装书。他一生述而不作,学术成就以注评为多。他曾精读《红楼梦》20遍,从读第16遍起,先后用朱、绿、黄、墨、紫五色笔圈点批注。在长达25年的时间里,精读《红楼梦》20遍,批校6次,留下一万两千多条、近30万字的批语。

王伯沆长期使用的几方砚台,如今静静地躺在展柜里,尤其是那两方白矾石小砚台还遗留下的红、蓝两色颜料。据王绵老人介绍,为了纪念父亲,她一直不忍心洗去砚上之颜料。1973年,王绵女士赴香港与周法高先生团聚,许多物件一时无法携出,便将其中乃父生前使用过的一方澄泥砚、一方端砚以及一副拐杖交给王伯沆的首席弟子、杭州大学教授王驾吾留存。据王绵老人回忆,当时王驾吾在接受先师使用过的砚台和拐杖时,特地焚香跪拜,情景感人至深。

1985年,江苏古籍出版社出版了《王伯沆红楼梦批语汇录》上下两册。如今王绵老人每年春天都从台湾来南京,秋末回台湾,这段时间就是用来整理父亲著作。

王伯沆精读《红楼梦》20遍，批校6次，留下一万两千多条，近30万字的批语

她的愿望，就是在有生之年把父亲的130多种书籍全部重印出来。王绵老人指着一页字迹略有不同的手抄页说，那是父亲中风之后所作，悬腕抄写十多个小时。不过老人家也强调："父亲不仅仅是红学家，他也研究过点评过《淮南子》、《杜甫诗》等。"

其实，从时间上看，王伯沆研读《红楼梦》在胡适和俞平伯之前；从成果上来看，王伯沆也绝不逊色于早期的任何一位红学家，只是他为人低调，研究红学只是个人喜爱。南京师范大学前校长谈凤梁先生就评点过："辛亥革命以后，对《红楼梦》继续进行评点，用功最深、成就最大的要算王伯沆先生。"

此外，王伯沆在书法、绘画、篆刻、诗文、古琴等等领域，也都有很深的造诣，他还是一位藏书家。据王绵老人讲述，当时王伯沆在中央大学是一级教授，每月有薪水360大洋，但他每月从不留余粮，生平不积一金，月之所入除简朴生活外，多是周济学生、亲友或购置书籍。据统计，王伯沆生前藏书约有1 300余种，8 100余册。

这些书后来都移赠南京师范大学图书馆。

王伯沆执教有年,爱护学生视若己出,著名学者束世澂为伯沆老先生之高足,在求学期间,家庭突遭重大变故,爱妻也病故,都无钱营葬,且不能继续求学。王伯沆对束世澂极为同情,"随付二百金,嘱其速返乡里,营葬一切,并助其继续攻读,师生之间可谓情逾骨肉,其后并以侄甥女为其续弦,乃得鱼水之欢。同学辈有知其事者,莫不感先生厚德以助人,此种风范,堪为师生关系之楷模"。

在堂屋中间最为显眼的就是王伯沆的墓碑,柳诒徵所书"耆儒王冬饮先生之墓"几个大字格外引人注目。那天王绵老人指着墓碑给我们讲述了其中的故事。

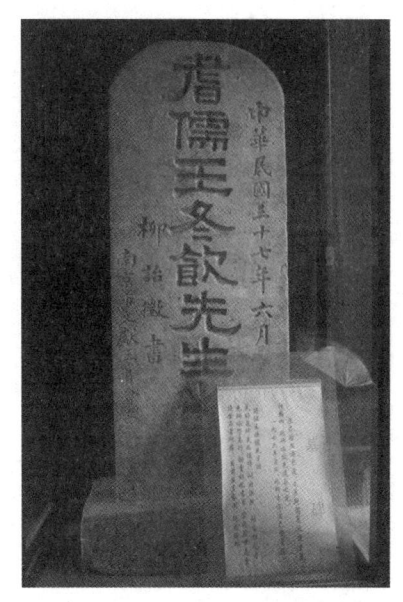

失而复得的墓碑

1937年,日寇大举入侵,王伯沆所任教的中央大学仓促迁往重庆,王伯沆因患中风未愈而未能随校西去。1937年底,南京被侵华日军占领,身居敌占区的王伯沆深感"救国无门,遁世无所",决意像古代先贤一样"杜门谢客,自期一死"。

1937年12月中旬,当时王绵才10岁,在她的记忆里,日军空袭护城河外的金陵兵工厂,飞机就从她家房顶掠过,随着爆炸声越来越近,人们蜂拥至防空洞,但父亲王伯沆就躺在床上不愿离开。几个学生欲用担架把他抬进地下室,遭坚拒。王伯沆说:"动物植物都有一死,人对死亡也不要害怕,不要看得太重。"

王伯沆的夫人见拗不过丈夫,便也不进防空洞,并招呼女儿:"回家去!"防空警报尖叫起来,邻家都已走空,只有母女二人搬来凳子,守在王伯沆的身边。"日本兵要杀你的时候,你把头扭过去,不要看也不要哭,你一喊,我的心就乱了,请成全我!"王伯沆如此告诫女儿。王绵老人说,父亲心肠软,尤其舍不得骨肉之情,才会对10岁的女儿这样说。王伯沆准备从容赴死,绝不在日本人面前畏缩。

王伯沆所拍的证件照

1938年，日军令南京人重新办理市民证。王伯沆不愿见到街上的日本兵，拒绝到照相馆拍摄证件照，最后照相师只得上门拍摄。现在纪念馆里的那张王伯沆的照片就拍摄于当时。照片上的他，手扶竹杖，临松树而坐，目光炯炯，丝毫看不出已经中风。

有一天，日军中岛部队闯入难民区骚扰搜捕，其中一伙日本兵闯入王伯沆住处，老人凛然正坐，怒目而视，这种无畏冷对的态度激怒了日本士兵，拔刀便欲行凶。站在一旁的王夫人勇敢上前挡住说："他是老病之人，你是武士，一定要杀就杀我吧！"当时日本军人中，不少人懂得中文，那个士兵显然听懂了王夫人的话，双方僵持数秒，日本人缓缓收刀，极其勉强，二目凶光不改。"那个眼神真是凶啊！"几十年过去了，王绵老人说，那眼神至今忘不掉。

在这个关键时刻，我们特别佩服王伯沆先生和王夫人的临危不惧，显示了这对平民夫妻的尊严和风骨。1944年8月，王伯沆病重，临终前他嘱咐家人：自己生不愿见日寇，死了也不愿在城门口碰到他们！就吩咐把自己埋在家中后园的颓墙瓦砾中。

没想到"文革"期间，埋在家里的王伯沆墓被强迁至南京南郊的花神庙乡，王家后人去收拾时，墓地被挖，"棺材已经不见，只捡回几根白骨，用小坛子装着"。连那块柳诒徵题写的墓碑亦被充作建材之用。直至1976年，经过王绵老人多方寻找，此碑重被觅回，据说当时是王伯沆几个学生抬回来的。

说实在的，听到王伯沆这样版本的故事，我们真是觉得很震撼，不仅对王伯沆先生无比仰望，同时也对王夫人——那位叫周育卿的女士也肃然起敬。

有关周育卿女士的资料特别少，甚至连她的照片都无法搜索到，只知道她是东台人,她虽然比王伯沆小16岁,却和王伯沆都是太谷学派传人黄葆年的弟子,也就是说,她不仅是一位家庭妇女,更是一位读书的女子。

那天在故居里我们还看到一幅《慧福因缘图》,这幅画记录了1924年农历11月16日,在黄葆年老师的亲自安排下,王伯沆将周育卿从东台迎娶到苏州成亲,没想到这一天,冬天并不开花的蕙花却连发三朵,夏、秋才出现的蝙蝠却尾随周育卿乘坐的花轿盘旋飞翔。慧(蕙)福(蝠)双至,这个场景令王伯沆感到十分喜悦。为了纪念这一奇特、吉祥的景象,王伯沆特地约请著名画家梁公约画了这幅画。

在故居里,我们见到了王伯沆的晚辈亲戚胡锡瑜老师,这位出生于1949年的金陵中学老三届毕业生,曾见过王夫人周育卿,据他形容:"老太太长得慈眉善目,那种端庄,那种微笑,让人特别可亲。"胡老师还补充这样的细节:当年有人为她家挑水,别人是3分钱一担,她要坚持给一角钱,理由是她家门槛多,任何时候老太太总是体谅别人。有一次有人给老太太家送鱼,因为她家帮工怕秤不足,就和邻居借了秤(老

象征着王伯沆、周育卿爱情的《慧福因缘图》

太太家里从来不用秤），让老太太的外孙女来重新称一下，这件事让老太太对向来疼爱的外孙女大发雷霆，理由只有一条：为什么不信任别人？呜呼，这种信赖才是中国传统文化的精髓。对比如今社会上骗子无孔不入，这种对人的纯真和信赖是多么难得！

那天临走前，胡老师还带我们一行到故居后的园子里去看看，我们就站在那个破败的园子里，只见围墙外面都是高楼林立，当胡老师指着高坡上，说那里就是埋葬王伯沆先生的地方，刹那间，我们一下子心就被揪了起来，只见高坡上青草萋萋，杂树丛生，满目萧简。

那天，我都不知道我们是如何离开王伯沆故居的，只觉得人有些恍惚，就像这些天里不停地下雨，我却一直好怀念那座城墙脚下的老房子，以及里面古朴清幽的气息。

王伯沆曾长眠于此

只要有心，可以见到南京真风景

从老克位于珠江路的办公室望出去，可以看到鸡鸣寺，明城墙，玄武湖，紫金山，他从1999年起在那里工作，这风景从没变过。值得庆幸，南京的格局还在。

他办公室附近，每个地方踩下去都有很多故事和传说。不远处有一条进香河路，当年是一条河，人们需要划船去鸡鸣寺烧香敬佛。进香河旁的北门桥，以前是南唐金陵城的北门，出去就像荒郊野外，曾写过《金陵五记》的黄裳仍记得20世纪40年代那里一到落日夕照时便风声鹤唳，难觅人的踪迹。对面已经消失的老虎桥监狱，关过陈独秀、周作人，现在变成了一座幼儿园。靠近鼓楼的傅厚岗附近聚集着各种故居，国民党和共产党的官员前赴后继改换门庭住了十几个。稍远一点，长江路上的人民大会堂（当年的国民大会堂），至今都会有人说起当年蒋介石看戏有一个地下的暗道，现在已被封死，不见天日。

南京就是如此，历史动不动就会闯入生活，人们也会不时地和历史发生关系，比如有时候走路走得好好的，老克就会突然看到街边民国时的老消防栓，城墙边上也绝对是南京人最爱的活动场所之一。刘原去南京，看到这边叫中央饭店，那边叫中央商场，跟老克说，北京恐怕也不敢这么起名吧。但这就是南京。南京人已经习以为常。在外地人看来，很多好东西还在，但不少老南京人却很气愤，认为南京已经被糟蹋得不像样子。外人觉得还有很多老建筑，是因为没有见过以前的南京。

以前南京城墙有十三个城门，老城区就在这些城门内。20世纪90年代老克来南京，从南门到北门去会个朋友，打车不跳表。如今一些城门只剩地图上的一个符号，在新中国成立初期的几次拆城运动中被毁，城墙也已一段一段地断开。余下的城墙尚存，没有被破坏殆尽。南京和中国都应当感谢一个时任江苏省文化局副局长的朱偰，后人称其为"护城之神"，如今的"聚宝盆"中华门，就是他保护下来的。后来，朱偰因为此事被打成右派，最终在"文革"中被迫害致死。叶兆言曾经对老克说，这个人值得好好纪念，如果南京没有他，城墙绝不会呈现出这样的格局。"记得当年拆通济门城墙，一块砖卖一毛钱，男女老少全都上去了。"当时的意图是古为今用，救济当时水灾时期的失业者，这在几十年后看起来显得荒谬至极。

老克感觉得出，这些老东西对于南京人是有影响的，比如民国气质。他曾采访过装帧艺术家速泰熙，速老师教了二十多年化学后，干上了自己最热爱的美术编辑。他生活在一个大家庭里，大家庭拥有差不多半条街。家里有一大批闲人，学的技能专业各不相同，但不干活，当家的奶奶就这么养着他们。"要养闲人啊。文化和艺术的东西都是这些闲人创造的，整天为工作所拖累，要有艺术成就是很难的。"

南京看上去算是一个养闲人的好地方。这么多年来老克接触的人当中，有这种气质的人太多。在南艺、南师，很多人毕业之后都不离开南京，自己租个小画室画画，老克看着他们一拨拨地成长起来。光是美术馆，南京大大小小就有十几个。老克住在仙林，大学城集中，不少画家都出自那里。"北京的人跑到南京来感到很惊讶，一千平方的园子，中间是一个别墅，里面就是字画什么的。哪怕是青年画家，家里也充满了中国古典元素，雨打芭蕉，梅兰竹菊，水池里一定要有鱼。一个人的成长是靠养的。"

这让老克想起南京人多年来骨子里有一种远离政治的东西，可能从明代就开始，认为那个东西很无聊，不想玩。"大概是被政治伤害太多，宁可有口饭吃就行，不要闯祸。"接触中老南京人总会透露出这样的感觉，"明代画家董其昌提到人生第一

[只要有心，可以见到南京真风景]

要避祸,这观点当时很惊讶,这么多年,我慢慢也悟到这并没有错。"

南京有个甘家大院,是南京现有面积最大,保存最完整的私人民宅,与明孝陵、明城墙并称为南京明清三大景观。因为爱好昆曲,老克认识了甘家一位后人,南京昆曲社社长汪小丹。"她跟我说她们家教就是,要礼让,不要竞争。比如她小时候上海表哥来,半个月前就要把礼物准备好。不是你的东西你去抢,伤害了别人自己也不好过,若真正有才华,金子总会发光的。"

说起来,南京人的性格并不太激进,在这点上,名门望族和普通老百姓都差不多。老克常去珠江路对面的小巷子里吃汤包,开店的小夫妻俩只开上午半天,下午租给别人,自己休息。他也常碰到一些路边卖金鱼卖花的人,说刮风下雨我就在家打牌,好天气再出来。有的人听着收音机就能在太阳底下睡着,呼声如雷,世界再吵又与他何干。这是他们骨子里的生活方式,比起他之前在广东看到的完全不一样。广东的小店总是起早贪黑,小孩子没空打理,就在店里滚来滚去。

"吴敬梓《儒林外史》里写过,以前两个挑粪的老农收工,说我们去哪儿吃壶茶去?这种闲和雅,是到骨髓里的。南京的这种感觉,有点像胡兰成描写的清平世界,不争不抢,做自己的事情,过自己的日子,平安踏实就可以。今天吃饱了晚上也睡得很好,这样就够了。"

老克有一次去如皋转了一圈,回来有所思。一个城市幸福指数,从三个地方可以看出:第一,有没有高大名贵的树木;第二,有没有无所事事的闲人;第三,有没有野猫叫春。"这就是人与自然的和谐。现在有很多新的开发区,树木不茂盛,河流也是新开,连青苔都没有,哪怕叫作河,都是干枯的风景。从这上面看,南京是符合我心中幸福条件的。东郊风景区那一块,我跑了十几年都没有跑遍。我的一些朋友,每天都上紫金山打泉水,有的出门就带个相机拍春夏秋冬,晚上紫霞湖有人裸泳,山道上总能看到很多人大声喊叫手舞足蹈。这就是南京的自然之美。"

所以,南京人才会对大树拥有深厚的情感。早些年,中山东路还是四排树,不像现在只剩下两排。当时砍树的时候,机关单位的人没几个站出来,都是居民老头老太抱着树哭。这似乎成了南京的传统,每每遇到大树在城市规划中要"伤筋动骨",

南京人都会走上街头给大树扎绿丝带。"有一个传说,说当年有个老师为了保护树,把铺盖一卷睡在树上,树在,人在,很了不起。"

　　集聚着城市情感的,自然不止树木一样。老克在网上看到有市民组织南京城墙寻访团,一段段跑,打捞资料,拍摄照片,记录文字。除了官方的大屠杀纪念馆,也有人自己创办民间抗战史料纪念馆,用自己的渠道收集着城市记忆。老克去过那个地方,"在某种程度上,那里资料不比官方的逊色"。

吴睿(长沙《晨报周刊》记者)

本书作者南京老克在南京东郊桂林石屋